චතුරාර්ය සත්‍යාවබෝධයට ධර්ම දේශනා....

දම් දියෙන් පණ
දෙව් විමන් සැප

පූජ්‍ය කිරිබත්ගොඩ ඤාණානන්ද ස්වාමීන් වහන්සේ

චතුරාර්ය සත්‍යාවබෝධයට ධර්ම දේශනා....

දම් දියෙන් පණ දෙව් විමන් සැප

පූජ්‍ය කිරිබත්ගොඩ ඤාණානන්ද ස්වාමීන් වහන්සේ

© සියලුම හිමිකම් ඇවිරිණි.

ISBN : 978 955 0614 39 4

ප්‍රථම මුද්‍රණය : ශ්‍රී බු.ව. 2555 ක් වූ පොසොන් මස පුන් පොහෝ දින
දෙවන මුද්‍රණය : ශ්‍රී බු.ව. 2556 ක් වූ පොසොන් මස පුන් පොහෝ දින
තෙවන මුද්‍රණය : ශ්‍රී බු.ව. 2556 ක් වූ ඉල් මස පුන් පොහෝ දින
පස්වන මුද්‍රණය : ශ්‍රී බු.ව. 2557 ක් වූ වප් මස පුන් පොහෝ දින

- සම්පාදනය -

මහමෙව්නාව භාවනා අසපුව
වඩුවාව, යටිගල්ඔළුව, පොල්ගහවෙල.
දුර : 037 2244602
info@mahamevnawa.lk | www.mahamevnawa.lk

- පරිගණක අකුරු සැකසුම, පිටකවර නිර්මාණය සහ ප්‍රකාශනය -

මහාමේඝ ප්‍රකාශකයෝ
වඩුවාව, යටිගල්ඔළුව, පොල්ගහවෙල.
දුර : 037 2053300, 0773216685
mahameghapublishers@gmail.com | www.mahameghapublishers.com

- මුද්‍රණය -

ලීඩ්ස් ග්‍රැෆික්ස් (පුද්.) සමාගම,
අංක 356 E, පන්නිපිටිය පාර, තලවතුගොඩ.

චතුරාර්ය සත්‍යාවබෝධයට ධර්ම දේශනා....

දම් දියෙන් පණ දෙව් විමන් සැප

පූජ්‍ය කිරිබත්ගොඩ ඤාණානන්ද ස්වාමීන් වහන්සේ
විසින් පවත්වන ලද සදහම් වැඩසටහන් වලදී දේශනා කරන ලද
සූත්‍ර දේශනා ඇසුරෙනි.

ප්‍රකාශනයකි

පෙළගැස්ම....

01. වේළුද්වාරෙය්‍ය සූත්‍රය 07

(සංයුත්ත නිකාය 5 - සෝතාපත්ති සංයුත්තය)

02. බන්ධන සූත්‍රය 32

(සංයුත්ත නිකාය 3 - ඛන්ධ සංයුත්තය)

03. අත්ථිරාග සූත්‍රය 55

(සංයුත්ත නිකාය 2 - අභිසමය සංයුත්තය)

04. විශාඛා උපෝසථ සූත්‍රය 77

(අංගුත්තර නිකාය - අට්ඨක නිපාතය)

"දසබලසේලප්පභවා නිබ්බානමහාසමුද්දපරියන්තා
අට්ඨංග මග්ගසලිලා ජිනවචනනදී චිරං වහතූති"

දසබලයන් වහන්සේ නමැති ශෛලමය පර්වතයෙන් පැන නැගී
අමා මහා නිවන නම් වූ මහා සාගරය අවසන් කොට ඇති
ආර්ය අෂ්ටාංගික මාර්ගය නම් වූ සිහිල් දිය දහරින් හෙබි
උතුම් ශ්‍රී මුඛ බුද්ධ වචන ගංගාව
(ලෝ සතුන්ගේ සසර දුක නිවාලමින්)
බොහෝ කල් ගලාබස්නා සේක්වා!

(සළායතන සංයුත්තය - උද්දාන ගාථා)

නමෝ තස්ස භගවතෝ අරහතෝ සම්මාසම්බුද්ධස්ස
ඒ භාග්‍යවත් අරහත් සම්මා සම්බුදුරජාණන් වහන්සේට නමස්කාර වේවා!

01.
වේළුද්වාරෙය්‍ය සූත්‍රය

(සං.නි. 5 ‖ - සෝතාපත්ති සංයුත්තය - වේළුද්වාර වර්ගය)

ශ්‍රද්ධාවන්ත පින්වත්නි,

අද උදේ වරුවේ කියා දෙන්නේ බුදුරජාණන් වහන්සේ විසින් දේශනා කරන ලද වේළුද්වාරෙය්‍ය සූත්‍රයයි. ඒ දවස්වල භාග්‍යවත් බුදුරජාණන් වහන්සේ කොසොල් ජනපදයේ චාරිකාවේ වඩිද්දී බ්‍රාහ්මණ ගමකට පැමිණුනා. ඒ ගමේ නම **වේළුද්වාර**. 'වේලු' කියන්නේ උණ ගස්වලටයි. උණ ගස් දොරටුව කියන එකයි ඒ නමේ තේරුම.

මේ බ්‍රාහ්මණ ගමේ ඉන්න පිරිසට බුදුරජාණන් වහන්සේ තමන්ගේ ගම්මානයට වැඩම කරල ඉන්න බව ආරංචි වුණා. ඒ අයට උන්වහන්සේගේ ගුණ ගැනත් දැන ගන්නට ලැබුණා.

බුදුරජාණන් වහන්සේ ගැන දැනගත්තා...

- අරහං - කෙලෙස් රහිතයි. රාග, ද්වේෂ, මෝහ ඇති වෙන්නේ නැති කෙනෙක්.
- **සම්මා සම්බුද්ධෝ** - චතුරාර්ය සත්‍ය ධර්මය ගුරු උපදේශ නැතිව අවබෝධ කරගත්තු කෙනෙක්.
- **විජ්ජාචරණ සම්පන්නෝ** - විශේෂ ඥාන වලින් ද, ඊට අනුකූල වූ හැසිරීම් වලින් ද යුක්තයි.
- **සුගතෝ** - සුන්දර නිවන් මග සොයාගෙන ඒ සුන්දර නිවන සාක්ෂාත් කළ කෙනෙක්.
- **ලෝකවිදූ** - දිව්‍ය ලෝක, බ්‍රහ්ම ලෝක, මිනිස් ලෝකය, සතර අපාය ආදී සියලු ලෝක අවබෝධ කළ කෙනෙක්.
- **අනුත්තරෝ පුරිසදම්ම සාරථී** - දමනය කිරීමට දුෂ්කර වූ දෙව් මිනිසුන්ව දමනය කිරීමට හැකි ශ්‍රේෂ්ඨ කෙනෙක්.
- **සත්ථා දේවමනුස්සානං** - දෙවියන්ටයි, මිනිසුන්ටයි නිවන් මග පෙන්වා දෙන කෙනා.
- **බුද්ධෝ** - අවබෝධ කරගත්තු චතුරාර්ය සත්‍ය ධර්මය අනිත් අයට අවබෝධ කරවන කෙනා.
- **භගවා** - මේ සියලු ගුණ දරාගැනීමට තරම් භාග්‍යවන්ත කෙනා.

ධර්මයේ පැහැදිලි බව, යහපත් බව දැනගත්තා....

ඊට පස්සේ බ්‍රාහ්මණ ගමේ ඉන්න පිරිසට ආරංචි

වුණා, උන්වහන්සේ දෙවියන් මරුන් බඹුන් සහිත මේ ලෝකයේ තමන් වහන්සේ විසින්ම සාක්ෂාත් කරල, ඒ ධර්මය අනුන්ට කියල දෙන බව.

ඒ ධර්මය,

- **ආදි කල්‍යාණං** - ආරම්භයත් යහපත්
- **මජ්ඣේ කල්‍යාණං** - මැදත් යහපත්
- **පරියෝසාන කල්‍යාණං** - අවසානයත් යහපත්

මේ ධර්මයේ ආරම්භය තමයි සීලය. මැද තමයි සමාධිය. අවසානය තමයි ප්‍රඥාව. සීල සමාධි ප්‍රඥාවෙන් යුක්ත ඒ ධර්මය යහපත් කියල ආරංචි වුණා.

- **සාත්ථං සබ්‍යඤ්ජනං** - පැහැදිලි අර්ථවලින් පැහැදිලි වචන වලින් යුක්ත වූ ධර්මයකි.
- **කේවල පරිපුණ්ණං පරිසුද්ධං බ්‍රහ්මචරියං** - සම්පූර්ණයෙන්ම පිරිසිදු වූ නිවන් මඟ පෙන්වා දෙනවා කියල ආරංචි වුණා.

උන්වහන්සේ බලන්නට ගියා.....

බුදුරජාණන් වහන්සේ නමක් පහළ වෙන්නේ කලාතුරකින් නිසා උන්වහන්සේව බලන්න යන්න බ්‍රාහ්මණ ගමේ පිරිස තීරණය කළා. එහෙම තීරණය කරල උන්වහන්සේ බැහැදකින්න ගිහින්, උන්වහන්සේට වන්දනා කරල මෙහෙම කියනවා. "අපි මේ රන්, රිදී, මුතු, මැණික්, මුදල් ආදී දේ පරිහරණය කරන උදවිය. අපි මල් සුවඳ විළවුන් ආදිය පරිහරණය කරන උදවිය. ඉතින් අපි කැමතියි මේ ගතකරන ජීවිතය තුළින්ම පරලොව සුගතියක උපදින විදිහට ජීවිතය සකස් කරගන්න. මේ ජීවිතය ගත

කරන ගමන් පරලොව සුගතිගාමී විය හැකි ආකාරයේ ධර්මයක් අපට දේශනා කරන සේක්වා!"

අද වගේ නෙවෙයි, එදා බුද්ධිමත්......

මෙයින් අපට පැහැදිලි වෙන්නේ ඒ දවස්වල හිටපු පිරිස බුද්ධිමත් බවයි. අද කාලෙ නම් කියා දෙන්න කියල කියන්නේ දෙමව්පියන්ට සලකන විදිහ, ආර්ථිකය හැඩ ගස්ස ගන්නා විදිහ වගේ දේවල්. අපට මෙලොවක් තියෙනවා, පරලොව සුගතියේ යන හැටි කියා දෙන්න කියල මගෙන් නම් කිසි කෙනෙක් ඉල්ලල නැහැ. එහෙම වෙන්නෙ හිතන්න බුද්ධියක් නැති නිසයි. නමුත් බලන්න බුදුරජාණන් වහන්සේගේ කාලෙ මේ පිරිස කියා දෙන්න කියල ඉල්ලන දේ. ඒ පිරිස නන්නාඳුනන පිරිසක්. ඒ අය බුද්ධාගම්කාරයොත් නෙවෙයි. බමුණන් පිරිසක් ඉල්ලන දේ කොච්චර බුද්ධිමත්ද? ඔවුන් ඉල්ලන්නේ මෙලොව ජීවිතයත් යහපත් කරගෙන පරලොව සුගතියේ යන ධර්මයක්.

ගිහි ජීවිතයේ ඉඳගෙනම සුගතියේ යන හැටි කියල දුන්නා....

බුදුරජාණන් වහන්සේ ඒ පිරිසට මෙහෙම කියනවා. "ගෘහපතිවරුනි, තමන් උපමා කරගෙන අවබෝධ කළ යුතු ධර්මයක් මම ඔබට කියල දෙන්නම්."

දැන් ඔන්න ඒ විදිහේ ධර්මයක් බුදුරජාණන් වහන්සේ කියල දෙන්නයි හදන්නේ.

(ඉධ ගහපති අරියසාවකෝ....) ආර්ය ශ්‍රාවකයා මෙන්න මෙහෙමයි කියල සිහිකරන්න. ආර්ය ශ්‍රාවකයා කියල හඳුන්වන්නේ සද්ධර්මය කතා කරන තුන් සරණේ

පිහිටපු උදව්යයි. සිහි කරන්න ඕන විදිහ බුදුරජාණන් වහන්සේ කියල දෙනවා.

ප්‍රාණඝාතයෙන් වෙන් වෙනවා, වෙන් කරවනවා, අගය කරනවා....

"මම ජීවත් වෙන්න කැමති කෙනෙක්. මම මැරෙන්න අකමැති කෙනෙක්. මං සැප කැමති කෙනෙක්, දුක පිළිකුල් කරන කෙනෙක්. ඒ නිසා කවුරුවත් මගේ ජීවිතය විනාශ කරනවට මම කැමති නැහැ. ඒ වගේම අනෙක් අයත් ජීවත් වෙන්න කැමතියි. දුකට අකමැතියි. සැප කැමතියි. ඒ අයත් මං වගේම තමයි. ඒ අයත් තමන්ව කවුරුවත් ඝාතනය කරනවට කැමති නැහැ. ඒ නිසා මං කොහොමද තවත් කෙනෙක් ඝාතනය පිණිස යොදවන්නේ...? මෙහෙම තමන්ගෙන් හිතන්න පටන් ගන්න. තමන් ඝාතනය කරනවට කැමති නෑ වගේම, අනුන් ද ඝාතනයට ලක්වෙන්නත් කැමති නැහැ. ඒ නිසා මට බැහැ කිසි කෙනෙක් ඝාතනය කරන්න. මට බැහැ කිසි කෙනෙක් ඝාතනයට පොළඹවන්න...." කියල හිතන්න. මේ විදිහට හිතල එයා ප්‍රාණඝාතයෙන් වෙන් වෙනවා. අනුන්වත් ප්‍රාණඝාතයෙන් වෙන්වීම පිණිස සමාදන් කරවනවා. ප්‍රාණඝාතනයෙන් වෙන්වීම වර්ණනා කරනවා. මෙන්න මේ ආකාරයට කරුණු තුනකින් ප්‍රාණඝාතය සම්බන්ධව ක්‍රියා කරනවා.

මිනිස් ජීවිතයක් නැති කරන්න උදව් කළොත් මහණකම ඉවරයි.

මේ ලෝකෙ ඉන්න වටිනාම ප්‍රාණියා කවුද? මනුෂ්‍යයායි. සත්තු - මිනිස්සු කියල කොටස් දෙකක් වෙන් වශයෙන් බුදුරජාණන් වහන්සේගේ දේශනාවල තියෙනවා.

උපසම්පදා භික්‍ෂුවක් නම්, දරුවෙකු පිළිසිඳ ගත් කලල අවස්ථාවේ ඉඳල මරණය දක්වාම කාලය තුළ, මනුෂ්‍ය ඝාතනයකට චේතනාත්මකව සම්බන්ධ වුණොත්, එයාගේ භික්ෂුභාවය නැතිවෙන බව ධර්මයේ සඳහන් වෙනවා. මනුෂ්‍ය ඝාතනයකට සම්බන්ධ වීම ඉතා බැරෑරුම් නරක විපාක ගෙන දෙන්නක් බව පැහැදිලි වෙනවා.

එක්තරා භික්‍ෂුවක් අලියෙක්ව ගල් ගහල මැරුවා. නමුත් එයාගේ මහණකම තහනම් වුණේ නැහැ. එතන ඇවතක් තියෙනවා. නමුත් මිනිස් කලලයක් චේතනාත්මකව හරි ඝාතනයට උදව් දුන්නොත් මහණකම නැති වෙනවා.

මිනිස් - තිරිසන් ඝාතන දෙකේ වෙනස...

මේ දෙක අතර වෙනස මොකක්ද? සමහර විට ඒ මනුෂ්‍යයා මිනිස් ලෝකෙට එන්නේ කල්ප ගාණක් නිරයේ ඉඳල වෙන්න පුළුවන්. සමහර විට කල්ප ගාණක් තිරිසන් ලෝකයේ, ප්‍රේත ලෝකයේ ඉඳල වෙන්න පුළුවන් මිනිස් ලෝකෙට එන්නෙ. එතකොට එයාට මනුෂ්‍යයෙක් හැටියට ඉපදෙන්න අවස්ථාව ලබා දුන්නොත්, සමහරවිට ඒ ජීවිතයෙදී එයා සෝතාපන්න කෙනෙක් වෙන්න ඉඩ තියෙනවා. සමහර විට අනාගාමී, අරහත් තත්වයට වුණත් පත්වෙන්න පුළුවන්කම තියෙනවා. එතකොට මනුෂ්‍ය කලලයේ ඉඳල ඕනෑම අවස්ථාවක මනුෂ්‍යයෙක් ඝාතනය කළොත්, ඒ අවස්ථාවන් ටික ඔක්කොම නැති කරල දානවා. අන්න ඒ නිසයි මිනිස් ඝාතනය ඒ තරම් බලවත් වෙන්නේ.

සොරකමින් වළකිනවා, වළක්වනවා, අගය කරනවා...

බුදුරජාණන් වහන්සේගේ ශ්‍රාවකයා මෙහෙම කල්පනා කරනවා. මං නොදුන්නු දෙයක් මගෙන් කවුරුහරි

ගන්නවා නම් මං ඒකට කැමති නැහැ. ඒ වගේමයි අනිත් අයත්. ඒ අය නොදීපු දේවල් ගන්නවට කැමති නැහැ. ඒ නිසා මං කොහොමද කෙනෙක්ව සොරකම් කරන්න පොළඹවන්නේ...? ඒක මට කරන්න බැහැ. මේ ආකාරයට එයා තමන් සොරකමින් වළකිනවා. අනෙක් අයව සොරකමින් වැළකීමට සමාදන් කරවනවා. සොරකමින් වැළකීම ගැන ප්‍රශංසා කරනවා. මේ ආකාරයට කරුණු තුනකින් කායික වශයෙන් පිරිසිදු වෙනවා.

වැරදි කාම සේවනයෙන් වළකිනවා, වළක්වනවා, අගය කරනවා

ආර්ය ශ්‍රාවකයා ඊළඟට මෙහෙම හිතනවා. මං කැමති නැහැ මගේ බිරිඳ වෙන පුරුෂයෙක් එක්ක ඉන්නවට. මං කැමති නැහැ මගේ ස්වාමියා වෙනත් ස්ත්‍රියක් සමඟ ඉන්නවට. ඒ වගේම අනුන් කැමති වෙන්නෙත් නැහැ ඒ අයගේ බිරිඳ, ස්වාමියා නොමඟ යනවට. එහෙනම් මං කොහොමද වෙනත් කෙනෙක්ව නොමඟට යොමු කරන්නේ...? මෙහෙම හිතල එයා වැරදි කාම සේවනයෙන් වෙන්වෙනවා. අනිත් අයව වැරදි කාම සේවනයෙන් වළක්වනවා. වැරදි කාම සේවනයෙන් වැළකීම ප්‍රශංසා කරනවා.

බොරුවෙන් වළකිනවා, වළක්වනවා, අගය කරනවා

ආර්ය ශ්‍රාවකයා මෙහෙම කල්පනා කරනවා. යම්කිසි කෙනෙක් මාව බොරුවෙන් රවට්ටනවට මං කැමති නැහැ. ඒ වගේම තමයි මං තවත් කවුරුවත් බොරුවෙන් රවට්ටනවට ඒගොල්ලො කැමති නැහැ. ඒක නිසා මං

කොහොමද අනිත් අයව බොරුවට යොදවන්නේ....? මෙහෙම කල්පනා කරල තමන් බොරු කීමෙන් වළකිනවා. අනුන්ව බොරු කීමෙන් වැළකීමෙහි සමාදන් කරවනවා. බොරු කීමෙන් වැළකීම ප්‍රශංසා කරනවා. එයා සත්‍යවාදියෙක් ලෙස වාසය කරනවා.

කේලමින් වළකිනවා, වළක්වනවා, අගය කරනවා

යමෙක් මට කේලම් කියනවා නම්, මාව යාළුවන් එක්ක බිඳවනවා නම් ඒකට මං කැමති නැහැ. ඒ වගේම මං කේලම් කියල අනෙක් යාළුවන්ව බිඳෙව්වොත් ඒ අයත් කැමති නැහැ. ඒ නිසා මං කොහොමද කේලම් පිණිස තවත් කෙනෙක් යොදවන්නේ ....? එහෙම හිතල ආර්ය ශ්‍රාවකයා තමන් කේලම් කීමෙන් වළකිනවා. අනුන් කේලම් කීමෙන් වළක්වනවා. කේලම් කීමෙන් වැළකීම ගැන ප්‍රශංසා කරනවා.

නරක වචනයෙන් වළකිනවා, වළක්වනවා, අගය කරනවා.

ඊළඟට ආර්ය ශ්‍රාවකයා මෙහෙම කල්පනා කරනවා. යම්කිසි කෙනෙක් මට නරක වචන කියනවා නම්, එරුෂ වචන කියනවා නම්, අපහාස නින්දා කරනවට මං කැමති නැහැ. ඒ වගේ තමයි මං නරක වචන කියල, එරුෂ වචන කියල අනිත් අයට නින්දා කරනවද ඒ අයත් ඒකට කැමති නැහැ. එහෙම හිතල එයා තමන් නරක වචන කියන්නේ නැහැ. අනුන් නරක වචන කියන්න පොළඹවන්නෙ නැහැ. අනුන් නරක වචන නොකියන්නටයි පුරුදු කරන්නේ, නරක වචන කීමෙන් වැළකීම ගැන ප්‍රශංසා කරනවා.

තේරුමක් නැති කතාවෙන් වළකිනවා, වළක්වනවා, අගය කරනවා

ආර්ය ශ්‍රාවකයා හිතනවා මේ විදිහට. අර්ථයක් නැති දේවල් කවුරු හරි මාත් එක්ක කතා කර කර ඉන්නවට මං කැමති නැහැ. ඒ වගේම තමයි මං අර්ථයක් නැති දේවල් අනෙක් අයත් එක්ක කතා කර කර ඉන්නවා නම් ඒගොල්ලො කැමති වෙන්නෙත් නැහැ. ඒ නිසා තේරුමක් නැති දේ කීමට මං කොහොමද තවත් කෙනෙකුන් යොදවන්නේ...? එහෙම හිතල එයා තුන් ආකාරයකට පිරිසිදු වෙනවා. මම හිස් වචන පාවිච්චි කරන කෙනෙක් නොවෙයි. හිස් වචන කියන්නට අනුන් පොළඹවන කෙනෙකුත් නොවෙයි. හිස් වචන වලින් වැළකීම මං ප්‍රශංසා කරනවා.

ත්‍රිකෝටි පාරිශුද්ධිය දූන් හරි.....

දූන් මෙහිදී කරුණු හතකින් තුන් ආකාරයකට පිරිසිදුභාවයක් ඇති කර ගන්නවා. ත්‍රිකෝටි පාරිශුද්ධිය කියල කියන්නෙ තුන් ආකාරයෙන්ම පිරිසිදුව සිටීමයි. එහෙනම් ආර්ය ශ්‍රාවකයා ප්‍රාණඝාතයෙන්, සොරකමින්, වැරදි කාම සේවනයෙන්, බොරුවෙන්, කේලමින්, එරුෂ වචනයෙන්, හිස් වචනයෙන් ත්‍රිකෝටි පාරිශුද්ධිය ඇති කර ගන්නවා.

බුදුරජාණන් වහන්සේව සිහි කරනවා

දැන් මෙහෙම පිරිසිදු වුණු කෙනා මේ ධර්මය පෙන්වා දෙන ශාස්තෘන් වහන්සේ ගැන පැහැදීමක් ඇති කරගත යුතු බව ඊළඟට පෙන්වා දෙනවා. බුදුරජාණන් වහන්සේ ගැන පැහැදීමක් ඇති කරගන්න

ඕන උන්වහන්සේගේ සම්බුද්ධත්වය අදහා ගෙනයි. උන්වහන්සේගේ සම්බුද්ධත්වය අදහා ගන්නෙ කොහොමද? උන්වහන්සේ අරහං, සම්මා සම්බුද්ධෝ, විජ්ජාචරණ සම්පන්නෝ, සුගතෝ, ලෝකවිදූ, අනුත්තරෝ පුරිසදම්ම සාරථී, සත්ථා දේවමනුස්සානං, බුද්ධෝ, භගවා කියල අදහා ගන්නවා. හොඳින් ඒ ගැන සිහි කරනවා.

ශ්‍රී සද්ධර්මය සිහි කරනවා....

ඊළඟට එයා ධර්මය ගැනත් සිහි කරනවා. ධර්මය ගැන සිහි කරන්නේ කොහොමද? **(ස්වාක්ඛාතෝ)** මේ ධර්මය මනාකොට දේශනා කරන ලද්දක්. ලෝකයේ මනාකොට දේශනා කොට වදාළ ධර්මයක් තියෙන්නේ එකම එකයි. ඒ බුදුරජාණන් වහන්සේගේ චතුරාර්ය සත්‍ය ධර්මයයි. චතුරාර්ය සත්‍ය ධර්මය මනාකොට දේශනා කොට වදාළ දෙයක් කියල තේරුම් ගත්තු කෙනා විතරක් දැනගන්නවා මේ ධර්මය ස්වාක්ඛාත බව. බුදුරජාණන් වහන්සේගේ ධර්මයත් එක්ක සමානව ගලපන්න පුළුවන් වෙනත් ධර්මයක් ලෝකයේ ඇත්තෙ නැහැ. කවුරු හරි කෙනෙක් කියනවා නම් බුදුරජාණන් වහන්සේගේ ධර්මයේ සත්‍යභාවය තමයි මේ නවීන විද්‍යාවෙන් ඔප්පු වෙවී යන්නේ කියල ඒකෙ තේරුම එයා ධර්මය දන්නේ නැහැ කියන එකයි. කවුරු හරි කියනවා නම් බුද්ධ ධර්මයේ තියෙන දේවල් ජ්‍යොතිෂයෙන් ඔප්පු වෙනවා කියල එයා බුද්ධ ධර්මය දන්නේ නැහැ. බුදුරජාණන් වහන්සේගේ ධර්මය වෙනත් කවුරුවත් සොයා නොගත්ත එකක්. ඒ ධර්මයෙන් තමයි පටිච්චසමුප්පාදය උගන්වන්නේ. ඒ ධර්මයෙන් තමයි චතුරාර්ය සත්‍යය ගැන උගන්වන්නේ. ඒ ධර්මයෙන් තමයි මේ ලෝකයේ ඇත්ත තත්ත්වය ගැන

උගන්වන්නේ. ඒ ධර්මයෙන් තමයි දිව්‍ය ලෝක ගැන, බ්‍රහ්ම ලෝක ගැන, මිනිස් ලෝකය ගැන, තිරිසන් ලෝකය ගැන, නිරය ගැන සම්පූර්ණ විස්තර කියලා දෙන්නේ. ඒ ආකාරයට පරිපූර්ණ ධර්මයක්, කොහේවත් වෙන කිසිම ධර්මයක උගන්වන්නේ නැහැ.

ඒ නිසා ධර්මය හැටියට යමක් අපි ඉගෙන ගන්නවා නම්, ඒ ඉගෙන ගන්න ධර්මය තුළ චතුරාර්ය සත්‍ය ධර්මය තියෙනවා නම් විතරක්, ඒ ධර්මය ගැන එයා නුවණින් මෙහෙයවනවා නම් විතරක් එයාට ඒ ධර්මය අවබෝධ කරන්න පුළුවන්. එහෙම නැත්නම් අවබෝධයක් ලැබෙන්නෙ නැහැ. නුවණ මෙහෙයවන කෙනා විතරක් ධර්මය තේරුම් ගන්න බව අපි හොඳට මතක තියාගන්නට ඕන.

නුවණ මෙහෙයවා ගැනීමේ හැකියාව සියලු දෙනාටම නැහැ. බුද්ධ දේශනාවක තියෙනවා, මොහොතක් හරි තථාගතයන් වහන්සේගේ ධර්මය බුද්ධිමත් කෙනෙක් ඇසුරු කරනවා නම් එයා වහාම ධර්මය අවබෝධ කරගන්නවා හරියට ව්‍යංජන රසය දැනගන්න දිවක් වගේ. මේ බුදුරජාණන් වහන්සේගේ උපමාවක්. මේ ගැන මං පොතක සඳහන් කරල තියෙනවා. මේක කියවපු කෙනෙක් මට පිටුවක ලියුමක් එවල තියෙනවා දිව ගැන විස්තර කරල. දිවක් වගේ කියන එක උපමාවක් විතරයි. දිව ගැන විස්තර කළ කෙනා වටේ දුව දුව ඉන්නවා. එයාට ධර්මය අල්ලන්න බැහැ. වටේ දුව දුව ඉන්න කෙනාට ගේ ඇතුළට යන්න හම්බවෙන්නෙ නැහැ. එයාට කවදාවත් ගේ ඇතුළ දකින්න පුළුවන් වෙන්නෙ නැහැ.

ස්වාක්ඛාත ධර්මය අවබෝධ කරන්න ඕන මෙහෙමයි....

බුදුරජාණන් වහන්සේ පෙන්වලා තියෙනවා ධර්මය අවබෝධ කරන්න ඕන කරුණු ගැන.

1. **සුස්සූසති** - ඒ ධර්මය අහන්න කැමැත්තක් තියෙන්න ඕන.
2. **සෝතං ඕදහති** - ඒ ධර්මය මනාකොට සවන් දෙන්න ඕන.
3. **අඤ්ඤාය චිත්තං උපට්ඨපේති** - අවබෝධ කිරීම පිණිස සිත පිහිටුවා ගන්න ඕන.
4. **අත්ථං ගණ්හාති** - අදාළ දේ ගන්න ඕන.
5. **අනත්තං රිඤ්චති** - අදාළ නැති දේ අත්හරින්න ඕන.
6. **අනුලෝමිකාය ඛන්තියා සමන්නාගතෝ හෝති**- තමන්ගේ ජීවිතයට ඒක ගලපා ගන්න ඕන. තමන්ගේ ජීවිතයට ගලපා ගැනීම පිණිසමයි මේ ධර්මය තියෙන්නේ.

ඉස්සර හිටපු අය ඒ විදිහට අවබෝධයට සමත්.....

බුදුරජාණන් වහන්සේගේ ධර්මයේ මේ ලක්ෂණ ටික ඇති කර ගත්තොත් ඒ තමන් සඳහාමයි. ඒකෙන් අපි තේරුම් ගන්න ඕන මේ ලක්ෂණ ඇති කර නොගත්තොත් බුදුරජාණන් වහන්සේගේ ධර්මය අවබෝධ කරන්නට බැරි බව. දැන් අපි බැලුවොත්... මේ "වේළුද්වාර" කියන ගමේ හිටිය ආගන්තුක පිරිසක් බුදුරජාණන් වහන්සේ චාරිකාවේ වඩිද්දී ධර්මය ශ්‍රවණයට පැමිණියා. බෞද්ධයන් නොවූ ඒ

පිරිස බුදුරජාණන් වහන්සේගේ ශාස්තෘත්වය පිළිගත්තා. ඒ පිළිගැනීම තුළ ධර්මයට සවන් දීල අවසානයේදී තුන් සරණේ පිහිටියා.

ධර්මාවබෝධයට අපි අසමත් වුණේ ඇයි...?

දැන් අපට වෙලා තියෙන්නේ හරියට තිසරණයට පැමිණෙන්නට බැරි වීමයි. තුන්සරණේ පිහිටි කෙනා කේන්දරේ නෙවෙයි සරණ යන්නේ. එයා සුභ නිමිති නෙවෙයි සරණ යන්නේ. එයා අනෙක් අයට පේන්න නෙවෙයි සරණ යන්නේ. මෙහෙම කිව්ව ගමන් කේන්දර පිළිගෙන කේන්දර සරණ ගිය කෙනා තරහ වෙනවා. තරහ වෙලා මට බැනලා ලියුම් එවනවා. මොකද හේතුව? එයාට තුන්සරණෙට වඩා ශ්‍රේෂ්ඨ වෙලා පේන්නෙ අර කේන්දරය. එතකොට එයා 'බුද්ධං සරණං ගච්ඡාමි' කියල තියෙන්නෙ බොරුවටයි. එයා බෞද්ධ වේශයෙන් පෙනී සිටින්නේ බොරුවටයි. එයාට අවශ්‍යතාවයක් මතුවුණාම මතක් වෙන්නේ තිසරණය නෙවෙයි කේන්දරයයි. මතක් වෙන්නේ සුබ නිමිති. මතක් වෙන්නෙ සුබ වෙලාවක්. මතක් වෙන්නෙ නැකත. එයාට හිතෙන්නේ... "නැකතක් නැතිව කොහොමද දරුවට නමක් දාන්නේ.........? නැකතක් නැතිව කොහොමද ගෙයක් හදන්න පටන් ගන්නේ...? නැකතක් නැතිව කොහොමද ව්‍යාපාරයක් පටන් ගන්නේ...? කේන්දරයක් නැතිව කොහොමද ඕව කරන්නෙ...?" කියලයි. එහෙම අයට බුදුරජාණන් වහන්සේගේ ධර්මය අවබෝධ කරන්න බැහැ. එහෙම වෙන්නෙ ඒ අයට යෝනිසෝ මනසිකාරයක් නැති නිසා. නුවණින් විමසීම නැති කෙනා කොච්චර ධර්මය ඇහුවත් එයා ධර්මය දකින්නෙ නැහැ. එයා හරියට හොද්දෙ දාපු හැන්දක් වගේ. එතකොට අපට පේනවා බුදුරජාණන්

වහන්සේ ජීවිතය ගැන කොච්චර අවබෝධයකින් බලලා තියෙනවද කියලා

ස්වාමීන් වහන්සේලා ධර්මය කිව්වොත් ජනතාව අදත් සමර්ථයි....

බුදුරජාණන් වහන්සේගේ ධර්මය තේරුම් ගන්නා කෙනා පැහැදිලිව දන්නවා මේ ධර්මයේ තියෙන්නෙ එක ඉලක්කයක් බව. ඒ ඉලක්කය චතුරාර්ය සත්‍ය ධර්මය අවබෝධ කිරීමයි. එතකොට ස්වාමීන් වහන්සේලා ආශ්‍රය කරන්නට ඕන එකම එක ඉලක්කයට විතරයි. ඒ චතුරාර්ය සත්‍ය ධර්මය අසා දැනගැනීමටයි. ඉන් පිට කිසි ගනුදෙනුවක් තිබිල වැඩක් නැහැ. චතුරාර්ය සත්‍ය ශ්‍රවණය කරල ඒ චතුරාර්ය සත්‍ය ධර්මය ගැන නිරවුල් දැනීමක් ඇති කරගන්න කෙනාට ධර්මය ගැන පැහැදීමක් ඇති කර ගන්න පුළුවන් වෙනවා. එයා ඊට පස්සේ සතුටු වෙනවා **(ස්වාක්ඛාතෝ භගවතා ධම්මෝ)** භාග්‍යවතුන් වහන්සේගේ ධර්මය ස්වාක්ඛාතයි කියල. එතකොට මීට කලින් තමන් අහපු, තමන් කියවපු ඒ සියලුම පොත්පත්වල නොමැති දෙයක් එයා බුදුරජාණන් වහන්සේගේ ධර්මය තුළ දකිනවා. අනිත් කිසිදේක නැති, කේන්දරවල නැති, නැකැත් සුබ නිමිතිවල නැති, වෙනත් දර්ශනවල නැති දෙයක් එයා දකිනවා. ඒක තමයි මේ සතර අපායේ ඉපදීම ගැන, ඒකෙන් නිදහස්වීම ගැන, සංසාරයේ දීර්ඝ ගමනක් යන ආකාරය ගැන, ඒක නැවැත්වීම ගැන, සමාධියක් ඇති කර ගැනීම ගැන, ආර්ය සත්‍යය අවබෝධ කරගැනීම ගැන පැහැදිලිවම විස්තර වෙන්නේ බුද්ධ ධර්මයේ පමණයි.

මේ ආකාරයට හරියට තේරුම් ගත් කෙනා ඊට පස්සේ කල්පනා කරනවා, **(සන්දිට්ඨිකෝ...)** මේ ධර්මය මෙහිදීම

අවබෝධ කරන්න පුළුවන්. (අකාලිකෝ...) කාලයකට අයිති නැති අකාලික වූ ධර්මයක්. (ඒහිපස්සිකෝ...) ඇවිත් බලන්න කියල පෙන්නන්න පුළුවන් ධර්මයක්. (ඕපනයිකෝ...) තමාගේ ජීවිතය තුළට පමුණුවාගත යුතු ධර්මයක්. (පච්චත්තං වේදිතබ්බෝ විඤ්ඤූහි...) බුද්ධිමත් කෙනා අවබෝධ කරගන්න ධර්මයක්. මෙන්න මේ විදිහට තේරුම් ගන්නට එයා කල්පනා කරනවා. ඒ ආකාරයට තේරුම් ගන්නට කල්පනා කරන කෙනා බුදුරජාණන් වහන්සේගේ ධර්මය කරා යනවා. අනෙක් සියලු ආගම් වලින්, අනෙක් සියලු මතවාද වලින්, සියලු දර්ශන වලින්, සියලු දේවල් වලින් වෙනස්ව බුදුරජාණන් වහන්සේගේ ධර්මය දකින්නට එයාට පුළුවන්. ආර්ය ශ්‍රාවකයා ඒ ආකාරයට ධර්මය ගැන සිහි කරනවා.

ඒ ධර්මය අවබෝධ කරන ලද උත්තමයින්ව සිහි කරනවා....

ඊළඟට ආර්ය ශ්‍රාවකයා කල්පනා කරනවා මෙහෙම. (සුපටිපන්නෝ භගවතෝ සාවකසංඝෝ...) බුදුරජාණන් වහන්සේගේ ශ්‍රාවක සංඝයා සුපටිපන්නයි. රාග, ද්වේෂ, මෝහ නැතිකර දමන සසර දුකෙන් නිදහස් වෙන මාර්ගයේ ගමන් කරන පිරිසක්. (උජුපටිපන්නෝ...) ආර්ය අෂ්ටාංගික මාර්ගයේ ගමන් කරන පිරිසක්. (ඤායපටිපන්නෝ...) චතුරාර්ය සත්‍යය අවබෝධ කරගන්න පිරිසක්. (සාමීචිපටිපන්නෝ...) ඒ චතුරාර්ය සත්‍යයම කියාගෙන යන පිරිසක්. ඒ පිරිස කවුද? සෝවාන් මාර්ගයේ ගමන් කරන කෙනා, සෝවාන් ඵලයට පැමිණුන කෙනා, සකදාගාමී මාර්ගයේ ගමන් කරන කෙනා, සකදාගාමී ඵලයට පැමිණුන කෙනා, අනාගාමී මාර්ගයට පැමිණුන

කෙනා, අනාගාමී ඵලයට පැමිණුන කෙනා, අර්හත් මාර්ග යට පැමිණුන කෙනා, අරහත් ඵලයට පැමිණුන කෙනා යන අට දෙනා මේ මාර්ගඵල ලාභී ශ්‍රාවක පිරිසයි.

ධර්මාවබෝධය ඔබටත් පුළුවන්....

දැන් ඔබ ගමන් කරනවා නම් මේ මාර්ගයේ, ඔබ ගමන් කරනවා නම් සෝතාපන්න මාර්ගයේ එහි අංග දෙකක් තියෙනවා. **ශ්‍රද්ධානුසාරී - ධම්මානුසාරී.** ශ්‍රද්ධානුසාරී කෙනා පිළිගන්නේ තුන් සරණය පමණයි. එයා තුන් සරණේ මනාකොට පිහිටපු එක්කෙනෙක්. එයා තුන්සරණය වෙනුවෙන් ලාභ ලබන්නත් ලෑස්තියි, පාඩු විඳින්නත් ලෑස්තියි. එයා ශ්‍රද්ධානුසාරී, ඒ ශ්‍රද්ධානුසාරී එක්කෙනා ඇස, කන, නාසය, දිව, කය, මනස යන අභ්‍යන්තර ආයතන ගැනත් රූප, ශබ්ද, ගන්ධ, රස, ස්පර්ශ කියන බාහිර ආයතන ගැනත් චක්ඛු විඤ්ඤාණය, සෝත විඤ්ඤාණය, ඝාන විඤ්ඤාණය, ජිව්හා විඤ්ඤාණය, කාය විඤ්ඤාණය, මනෝ විඤ්ඤාණය යන විඤ්ඤාණයන් ගැනත්, ඇසේ ස්පර්ශය, කනේ ස්පර්ශය, නාසයේ ස්පර්ශය, දිවේ ස්පර්ශය, කයේ ස්පර්ශය, මනසේ ස්පර්ශය කියන ස්පර්ශ හය ගැනත් වේදනා, සඤ්ඤා, චේතනා පංච උපාදානස්කන්ධ යන මේවා අයිති දුකට බවත් පිළිගන්නවා. එයා ශ්‍රද්ධානුසාරී නිසා බුදුරජාණන් වහන්සේ පෙන්නල දීපු දේවල් අවබෝධයෙන් යුතුව පිළිගන්නවා. ඒක පිළිඅරගෙන තමන්ගේ හිතේ පිහිටුවා ගන්නවා. "මේක ඇත්තයි.... මේ තුළින් තමයි බුදුරජාණන් වහන්සේ නිදහස් වුණේ..." කියල. එහෙම නිදහස් වුණු මාර්ගය තමයි බුදුරජාණන් වහන්සේ පෙන්නා දීල තියෙන්නේ.

තෘෂ්ණාව අවිද්‍යාව පැවතීම නිසා තමයි මේ දුක සකස් වෙන්නේ. මේ කියන ආර්ය සත්‍ය ගැන ශ්‍රද්ධාව

ඇති කරගන්නා කෙනා ශ්‍රද්ධානුසාරී. ශ්‍රද්ධානුසාරී වෙලා නැත්නම් එයා සෝතාපන්න මාර්ගයේ ගමන් කරන කෙනෙක් නෙවෙයි. ඒ ශ්‍රද්ධානුසාරී කෙනා ඊට පස්සේ ඒ ධර්මය සිහිකරන්න පටන් ගන්නවා. බුදුරජාණන් වහන්සේව සිහිකරනවා. ඒ ධර්මය සිහිකරනවා. ඒ ධර්ම මාර්ගයේ ගමන් කළ ශ්‍රාවක සංඝ පිරිස ගැන සිහිකරනවා. යම්කිසි කෙනෙක් සෝතාපන්න වුණා නම් එයා සෝතාපන්න වෙලා තියෙන්නේ මේ පංච උපාදානස්කන්ධය අනිත්‍ය වශයෙන් බලලා. දුක් වශයෙන් බලලා. අනාත්ම වශයෙන් බලලා. යම්කිසි කෙනෙක් සකදාගාමී වුණා නම් එයා ඒ ආර්ය අෂ්ටාංගික මාර්ගය තුළ සීල, සමාධි, ප්‍රඥා වඩලා. යම්කිසි කෙනෙක් අනාගාමී වුණා නම් එයා ඒ ආර්ය අෂ්ටාංගික මාර්ගය තුළ සීල, සමාධි, ප්‍රඥා වඩලා. යම්කිසි කෙනෙක් රහත් වුණා නම් එහෙම වුණේ ආර්ය අෂ්ටාංගික මාර්ගය තුළ සීල, සමාධි, ප්‍රඥා වඩලා. අන්න එතකොට තේරෙනවා මේ ධර්ම මාර්ගය දියුණු කරල ගමන් කරල මිසක් වෙන බාහිර ක්‍රමයකින්, වෙන කෘතිම ක්‍රමයකින් රහසේ උපදෙස් අරගෙන නෙවෙයි. තනිකරම මේ ධර්ම මාර්ගය දියුණු කරල ගමන් කරලමයි. විවෘතව ගමන් කරල, විවෘතව සාකච්ඡා කරල තමයි අවබෝධ කරන්නට තියෙන්නේ. අන්න එයා තමයි බුදුරජාණන් වහන්සේගේ ධර්මයේ ශ්‍රද්ධානුසාරී ශ්‍රාවකයා බවට පත්වෙන්නේ.

ශ්‍රද්ධානුසාරී වුණු ශ්‍රාවකයා ධම්මානුසාරී වෙනවා. එයා තමයි අනිත්‍ය දේ අනිත්‍ය වශයෙන් විමසන කෙනා, දුක් දේ දුක් වශයෙන් විමසන කෙනා, අනාත්ම දේ අනාත්ම වශයෙන් විමසන කෙනා, එයා මේ ත්‍රිලක්ෂණය නුවණින් විමස විමසා යන එක්කෙනෙක්. ඒ ආකාරයට ජීවිතය ගැන විමසන්නට පටන් ගත් කෙනා ආර්ය සත්‍යයම විමසනවා.

ඒ ආකාරයට තමන්ගේ ජීවිතයත් හරිගස්ස ගන්නවා. එයා ධම්මානුසාරී බවට පත්වෙනවා.

සතර අපායෙන් මිදෙන්න නම්...

එහෙනම් මතක තියාගන්න, ශ්‍රද්ධානුසාරී වෙන්න බැහැ කේන්දර සරණ ගිය අයට. ශ්‍රද්ධානුසාරී වෙන්න බැහැ නැකැත් සුබ නිමිති සරණ ගිය අයට. ශ්‍රද්ධානුසාරී වෙන්න බැහැ දෙවියන්ට යාච්ඤා කර කර ඉන්න අයට.

ශ්‍රද්ධානුසාරී වෙන්න නම් බුදුරජාණන් වහන්සේගේ ධර්මය චතුරාර්ය සත්‍ය ධර්මය ශ්‍රද්ධාවෙන් පිළිඅරගෙන තුන් සරණයට එන්න ඕන. ශ්‍රද්ධානුසාරී බවට පත්වුණු කෙනයි, ධම්මානුසාරී වෙන්නේ. ධම්මානුසාරී වුණු කෙනා තමයි සෝතාපන්න වෙන්නේ. සෝතාපන්න වුණු කෙනා තමයි සතර අපායෙන් සදහටම නිදහස් වෙන්නේ.

දිව්‍ය ලෝකෙ යන්න අංග හතරක් විතරයි....

බුදුරජාණන් වහන්සේ මේ පෙන්වා දීල තියෙන්නේ මොනවද? සෝතාපත්ති අංග හතරයි. වේළුද්වාර ගමේ බ්‍රාහ්මණයින් මුදල් පරිහරණය කරමින්, මල් සුවඳ විලවුන් දරමින්, ගිහි ජීවිතය ගත කරන අයට, මෙලොවත් පරලොවත් යහපත පිණිස පවතින්නා වූ ධර්මයක් දේශනා කරන්නට කියූ වෙලාවෙදී බුදුරජාණන් වහන්සේ මේ පෙන්වා දුන්නේ සෝතාපත්ති අංග හතරයි. සෝතාපත්ති අංග හතර මොනවාද?

1. බුදුරජාණන් වහන්සේ කෙරෙහි ශ්‍රද්ධාව
2. ශ්‍රී සද්ධර්මය කෙරෙහි ශ්‍රද්ධාව
3. ශ්‍රාවක සංඝරත්නය කෙරෙහි ශ්‍රද්ධාව
4. ආර්යකාන්ත සීලය

ඉතින් බුදුරජාණන් වහන්සේ මෙහිදී මුලින්ම පෙන්වාදී තිබෙන්නේ සීලය ගැනයි. ඊළඟට බුදුරජාණන් වහන්සේ, ශ්‍රී සද්ධර්මය, ශ්‍රාවක සංඝයා කෙරෙහි ශ්‍රද්ධාව ඇති කරගත යුතු ආකාරය පහදා දී තිබෙනවා.

එහෙනම් කවුරුහරි මෙලොව ජීවිතය යහපත පිණිසත්, පරලොව ජීවිතය යහපත පිණිසත් කළ යුතු දෙයක් ඉල්ලුවොත් අපි එයාට දෙන්න ඕන සෝතාපත්ති අංග හතරයි. වෙන මොනවත් දෙන්න දෙයක් නෑ. අන්න ඒ ආකාරයට සෝතාපත්ති අංග හතර ලබා දුන්නොත් එයා මරණින් මත්තෙ සුගතියේ යනවා.

යම්කිසි කෙනෙක් බුදුරජාණන් වහන්සේව, ශ්‍රී සද්ධර්මය, ශ්‍රාවක සංඝරත්නය සරණ ගියා නම් එයා අපායෙ උපදින්නේ නැහැ. මිනිස් ජීවිතය අත්හැරලා දිව්‍ය ලෝකයේ උපදින බව බුදුරජාණන් වහන්සේ පෙන්වා දීල තියෙනවා.

බුදුන්, දහම්, සඟුන් සරණ බොරුවට සමාදන් වෙන්න එපා...

සුගතිගාමී වෙන්න අපට ප්‍රධාන වශයෙන්ම බාධක වෙලා තියෙන්නේ කේන්දරයයි. ඒ තුන්සරණයට බාධක වෙන්නේ නැකැත් ඇදහිලි, නිමිති ආදී දේ පිළිගැනීමයි. ඊට හේතු වෙන්නේ තිසරණය පිළිබඳව තිබෙන විචිකිච්ඡාවයි. විචිකිච්ඡාව කියන්නෙ සැකයයි. බුදුරජාණන් වහන්සේ සම්බුදුයි කියල විශ්වාසයක් නැහැ. සද්ධර්මය තුළින් ජීවිතයට ප්‍රයෝජන ලබන්න පුළුවන් කියල විශ්වාස නැහැ. ඒ ධර්ම මාර්ගය තුළ ගමන් කරල ධර්ම අවබෝධ කළ පිරිසක් සිටි බව, එවැනි පිරිසක් අදටත් ඕන තරම් බිහි වෙන්න පුළුවන් බව විශ්වාස

නැති නිසයි එක එක දේවල් පස්සේ යන්නේ. එතකොට තුන්සරණයක් ඇත්තෙ නැහැ. තුන්සරණයක් නැතිවුණාම සිතේ ශක්තියක් නැහැ. සිතේ හැම තිස්සේම තියෙන්නේ සැලෙන මානසිකත්වයක්. අපි හිතමු ඔය සැලෙන මානසිකත්වයෙන් වයසට ගියා කියල. ඔන්න වයසට ගිය ආච්චි කෙනෙක්ගෙන් අපි අහනව "දැන් සෑහෙන කාලයක්. බුද්ධාගම ඇදහුවා, පන්සල් ගියා, මරණින් මත්තෙ කොහේ යයිද?" එහෙම ඇහුවොත් ආච්චිලා කියන්නේ "අනේ හාමුදුරුවනේ කොහේ යයිද කියල කියන්න බැහැ." ඒ මොකද එහෙම කියන්නේ? තිසරණය තමන් තුළ නැති නිසයි. ඒකට තමයි කියන්නේ කට බොරු කිව්වත් දිව බොරු කියන්නේ නැහැ කියලා. තිසරණයෙහි පිහිටල නැති බව තමන්ගෙන් ඉබේම එළියට එනවා.

හැබෑවට බුදුන්, දහම්, සඟුන් සරණ ගිය කෙනා....

නමුත් තුන්සරණයෙහි මනාකොට පිහිටල සිහියෙන් ඉන්න කෙනෙක්ගෙන් මරණාසන්න වෙලාවෙදී ඇහුවොත් මරණින් මත්තෙ කොහේ යයි ද කියල එයා මොනව කියාවිද? එයා කියන්නෙ, "මම වෙන කොහේ යන්නද කෙලින්ම සුගතියේ මිසක්..." කියලයි. "මම තිසරණයෙහි පිහිටපු කෙනෙක් නේ කාලයක් තිස්සේ... මම සීලයක් හොඳින් පුරුදු කරපු කෙනෙක් නේ. මම මේ ධර්මය සිහි කරපු කෙනෙක් නේ... මම සුගතියේ මිසක වෙන කොහේ යන්නද.....?" කියලා එයා උදම් අනනවා.

තුන්සරණය තියෙන එක්කෙනාට තියෙනවා පැහැදිලි ස්ථාවරයක්. තුන්සරණය තියෙන එක්කෙනාට තියෙනවා භය නැතිකමක්. තුන්සරණය තියෙන එක්කෙනාට තියෙනවා ආරක්ෂාවක්. මැරෙන මොහොතෙදීත් ඒ

ආරක්ෂාව එයා අත්විඳිනවා.

තිසරණය නැතිනම් මළවුන් ගෙන්නන්න වෙයි...

තුන්සරණය නැති එක්කෙනාට ඒක නැහැ. එයා බයෙන් කණස්සල්ලෙන්, සංවේගයෙන්, සැකයෙන් ඉන්නේ. අන්න ඒ අය මැරුණට පස්සෙ මොකද වෙන්නේ? කොහේ යයි ද කියලා කියන්න බැහැ. ඉතින් මැරුණට පස්සෙ ගෙදර ඉන්න කෙනෙක් ලෙඩ වුණොත් ගෙදර අය මොකද කරන්නේ? හොයනවා ඊට පස්සේ මළවුන් ගෙන්වන තැන්. ඉතින් එහෙම තැනකට ගියාම කෙනෙක් කොණ්ඩෙ කඩාගෙන දඟලල කියනවා මැරුණු කෙනා පෙරේතයෙක් වෙලා ඉන්නවා කියලා. එහෙම දේවල් වෙන්නෙ නැද්ද? එහෙම අවස්ථා බොහොමයක් දැන් කාලේ තියෙනවා.

අපි හැමෝම සුගතියේ....

නමුත් බුද්ධ දේශනාවල තියෙන්නේ තිසරණයෙහි පිහිටි සියලු දෙනාම සුගතියේ යන බවයි. සියලු දෙනාම සුගතියේ කියල බුදුරජාණන් වහන්සේ ප්‍රකාශ කළ දෙයක් කවදාවත් වෙනස් වෙන්නේ නැහැ. එහෙම නම් සුගති ගමන වැළකිලා නම් වැළකිලා තියෙන්නේ එක හේතුවක් නිසා. ඒ හේතුව තුන්සරණය නැතිවීමයි. එහෙම නම් අවබෝධයකින් යුතුව තිසරණයෙහි පිහිටියොත් තමයි ආරක්ෂාවක් තියෙන්නේ.

නියම ශ්‍රද්ධාව තුළ ඉදිරියට ගියොත් මග ඵල...

තිසරණයෙහි පිහිටි කෙනා තවදුරටත් සමථ විදර්ශනා වැඩුවොත් මොකද වෙන්නේ...? එයා ඉහළ

තලයකට යනවා. එයා ශ්‍රද්ධානුසාරී වෙනවා. එයා ධම්මානුසාරී වෙනවා. එයා සෝතාපන්න මාර්ගයට වැටෙනවා. එයා සකදාගාමී මාර්ගයට වැටෙනවා අනාගාමී වෙනවා. ඒ වගේ ඉදිරියට යනවා. සාමාන්‍ය ගිහි ජීවිතය ගත කරන කෙනෙකුට ස්ථිර වශයෙන්ම සෝතාපන්න වීමට හැකියාව තියෙනවා. ඒ සඳහා නුවණ පාවිච්චි කළ යුතුයි. අනාගාමී මට්ටමට එන්නත් පුළුවනි. ඒ සඳහා එයා ගෘහස්ථ බ්‍රහ්මචාරී ජීවිතයක් ගෙවන්න ඕන. හැබැයි මිල මුදල් පරිහරණයෙන් වෙන් වී සිටින්න වෙනවා. එහෙම නැතිව අනාගාමී තත්වයට පත්වෙන්න බැහැ. එතකොට ඒ වගේ තමයි ධර්ම මාර්ගයේ ඉස්සරහට යන්න තියෙන්නේ.

මේ සඳහා සම්පූර්ණයෙන් ධර්ම මාර්ගය තේරුම් ගන්නට පුළුවන්කම තියෙන්න ඕන. ආර්ය අෂ්ටාංගික මාර්ගයේ මේ විදිහට යන්න ඕන කියල තමන් ඉගෙන ගත් ධර්මය තුළින් තමයි තේරුම් ගන්න වෙන්නේ. නැතිව මාර්ගය කියන්නේ මොකක්ද කියල දන්නෙ නැතිව, යන්න ඕන දිශාව දන්නෙ නැතිව මාර්ගයේ යන්න බැහැනේ. අන්න ඒ වගේ බුදුරජාණන් වහන්සේගේ ධර්මයෙන් සිහි කරන්න ඕන ධර්මය, සිහි නොකළ යුතු ධර්මය, පුරුදු කරන්න ඕන ධර්මය, පුරුදු කරන්න ඕන නැති ධර්මය මේ ඔක්කොම තමන් තේරුම් ගන්න ඕන. තේරුම් ගැනීම තුළ තමයි එයා හදාගෙන හදාගෙන ඉස්සරහට යන්නේ. මේ වැඩපිළිවෙල ක්‍රියාත්මක කිරීම සම්පූර්ණයෙන්ම තියෙන්නේ තමන්ගේ අතේ.

ඔබත් දක්ෂ වෙන්න....

දැන් ඔන්න බුදුරජාණන් වහන්සේ මේ දේශනය කරද්දී වැඩියා වේළුද්වාර කියන ගමට. සමහර විට උන්වහන්සේ ඊට පස්සේ ආයෙම කවදාවත් ඒ ගමට

වඩින්නේ නෑ. ඒ ගමේ පිරිස දක්ෂ වෙලා තියෙනවා ඒ ධර්මය ග්‍රහණය කරගන්නට. ඒ දක්ෂතාව තුළිනුයි ඒ ධර්මය අල්ලන්නේ. දැන් ඒ කෙනෙක් හිතුවා නම් මං ඊළඟ පාර බුදුරජාණන් වහන්සේ වැඩියාම ධර්මය අල්ල ගන්නවා කියලා. එයාට ඒ ජීවිතේටම ධර්මය අල්ලන්න ලැබෙන්නේ නැහැ. එහෙම වුණොත් එයා බුද්ධිමත් නැහැ. කරන්න ඕන ඒ අහන ධර්මය හොඳින් ශ්‍රවණය කරල හිතට අරගෙන පුරුදු කරන එකයි. එතකොටයි අවබෝධය කරා යන්නේ.

දැන් 'වේළුද්වාර' ගමේ පිරිස ඒ විදිහට ධර්මය පුරුදු කළා. ඒ ගොල්ලො බුද්ධාගම්කාරයෝ නොවුණු බ්‍රාහ්මණ පිරිසක්. ධර්මය ඇහැව්වෙ බුදුරජාණන් වහන්සේව සරණ ගිහිල්ලයි. ඒ ධර්මය ඇහෙද්දී ධර්මයේ සරණ ගියා, ඒ ධර්මය අවබෝධ කළ ශ්‍රාවක පිරිස සරණ ගියා. එහෙම තිසරණයට පැමිණිලා බුදුරජාණන් වහන්සේට මෙහෙම කිව්වා. 'ස්වාමීනි, අද පටන් අපි තෙරුවන් සරණ ගිය උපාසක පිරිසක් හැටියට පිළිගන්නා සේක්වා...!'

බමුණො නූල ගලවද්දී අපේ අය නූල් ගැට ගසා ගන්නවා...

එතකොට බමුණො කියන්නේ පූන නූලක් කරේ දාගෙන ඉන්න අය. ඒ අය තවදුරටත් පූන නූල කරේ දාගනී ද? නෑ.... ඇයි ඒ...? ඒ අය දැන් තිසරණේ පිහිටි නිසා ඒ පූන නූල ගලවලා දානවා. ඒකෙන් වැඩක් නැති වග, තිසරණයෙහි පිහිටි නිසා ඒ අයට තේරුම් ගන්නට හැකියාව තියෙනවා. අපේ අය තවමත් කේන්දර පස්සෙ යනවා. ඒ තිසරණය හරියට නැති නිසයි. බමුණන්ට පුළුවන් වුණා බමුණු සමාජය තුළ, බමුණු ගමේ බමුණු පිරිස මැද, බමුණු ඇදහීම්, බමුණු මන්තර, ඒ බමුණන්ගේ

බමුණුකම ඔක්කොම අතෑරල තිසරණයට පැමිණෙන්න. එහෙනම් ඒකෙන් තේරුම් ගන්න අපි ඇත්ත තිසරණයට පැමිණිලා නැති නිසයි වෙන වෙන දේවල් පස්සෙ යන්නේ. හරියට තිසරණයට පැමිණුන කෙනා මේ අනුව අවබෝධ කරගන්න ලේසියි නේද? දැන් ඔබටම පුළුවන් තේරුම් ගන්න ඇත්තටම තමන් තිසරණයට පැමිණිලාද නැද්ද කියලා. ඔබ තිසරණයට පැමිණි බව ඔබට තේරුණා නම් මනුෂ්‍යයෙක් වශයෙන් ඔබට උතුම්ම ලාභය ලැබිලා.

දෙවිවරු මිනිස් ලෝකයට එන්නේ උතුම් ලාභය ලබන්නයි

දැන් ඔබ අහල ඇති දෙවිවරු දිව්‍ය ලෝකෙන් චුත වෙන වෙලාවෙදී අනිත් දෙවිවරු ඇවිත් කියනවා 'මිනිස් ලෝකෙට යන්න. ගිහින් උතුම් ලාභය ලබන්න.....' කියලා. මොකක්ද මේ උතුම් ලාභය? උතුම් ලාභය තුන්සරණයයි. ඊළඟට දෙවිවරු කියනවා එයාට, 'උතුම් ලාභය තුළ ස්ථාවර වෙන්න....' එයින් අදහස් කරන්නෙ සෝවාන් වෙන්න කියලයි. සෝවාන් වෙනතුරු තිසරණය ස්ථාවර වෙන්නේ නැහැ.

දෙවිවරු මෙහේ එන්නේ කුමකටද?

අපි මේ කතාව මීට කලින් අහලා තිබුණෙ වැරදි විදියටයි. දෙවිවරු දිව්‍ය ලෝකෙන් චුත වෙලා පින් කරන්න මිනිස් ලෝකෙට එනවා... කියලයි අපි අහල තිබුණේ. පින් කියන්නෙ මොකක්ද කියලා අර්ථය දැනගෙනද එහෙම කියන්නෙ....? අන්න ඒ වැරදි දේවල් අපේ ඔළුවලට දාල තියෙන නිසයි මේ පිරිසිදු ධර්ම මාර්ගය ගොඩාක් දුරට අවුල් වෙන්නේ.

තමන් තුළින්ම පමණයි....

දැන් ඔබ තේරුම් ගන්න ඔබේ ජීවිතයේ වෙනසක් වෙලා තියෙනවා නම් හරි. ධර්මය ගැන විචිකිච්ඡාවක් තියෙනවා නම් වෙන දේවල් සරණ කර ගන්නවා නම් ඔබේ ජීවිතයට තිසරණය සරණක් වෙලා නැහැ. එහෙම වුණා නම් ඒක ධර්මයේ දෝෂයක් ද තමන්ගේ දෝෂයක් ද කියන එකත් තේරුම් ගන්න. එහෙම නම් තේරුම් ගන්න තමන් ධර්මය අල්ලලා නැහැ කියලා. දැන් තේරුම් ගන්න තමන් ශ්‍රද්ධානුසාරී ද, තමන් ධම්මානුසාරී ද, තමන් සෝතාපන්න ද, තමන් සොතාපන්න වීමට අදාළ මාර්ගය වඩන කෙනෙක් ද කියලා. මේවා ගැන දන්නේ තමන් ම යි. වෙන කෙනෙකුට ඒ ගැන කියන්න බැහැ. පෝලිමේ ඇවිල්ලා, 'ආ... ඔයා දැන් සෝවාන්..... ඊළඟ එක්කෙනා එන්න.... ආ ඔයා අනාගාමී' කියලා තවත් කෙනෙකුට පුළුවන්ද ඒ ගැන කියන්න...? එහෙම පුළුවන් නම් ඒ බුදුරජාණන් වහන්සේට පමණයි. මේ ධර්මය එහෙම බොරුවට ගන්න පුළුවන් එකක් නොවෙයි. මේ ධර්මය තමා විසින්ම ප්‍රත්‍යක්ෂ කරගන්න ඕන. තමා තුළින් දකින නිසයි මේ ධර්මය ඕපනයික වෙන්නේ. එහෙම වුණොත් එයාට මෙලොවත් සැනසිල්ලක් තියෙනවා. පරලොවත් සැනසිල්ලක් තියෙනවා.

මේ ධර්මය අඩුපාඩු නැතිව හරියට තේරුම් අරගෙන මෙලොවත් පරලොවත් යහපත් වී වේළුද්වාර ගමේ මිනිසුන් වගේ තමනුත් මේ සංසාර දුකෙන් ඉතා ඉක්මනින් අත්මිදෙනවා කියලා හිතට ගන්න.

සාදු! සාදු!! සාදු!!!

නමෝ තස්ස භගවතෝ අරහතෝ සම්මාසම්බුද්ධස්ස
ඒ භාග්‍යවත් අරහත් සම්මා සම්බුදුරජාණන් වහන්සේට නමස්කාර වේවා!

02.
බන්ධන සූත්‍රය
(ස.නි. 3 - ඛන්ධ සංයුත්තය - ධම්මකථික වර්ගය)

ශ්‍රද්ධාවන්ත පින්වත්නි,

අද සවස දේශනයේ නම බන්ධන සූත්‍රය. මේ දේශනාව සංයුත්ත නිකායේ තිබෙන දේශනයක්. සැවැත් නුවර ජේතවනාරාමයේදී අපගේ ශාස්තෘන් වහන්සේ වන භාග්‍යවත් බුදුරජාණන් වහන්සේ විසිනුයි මේ බන්ධන සූත්‍රය දේශනා කොට වදාළේ. උන්වහන්සේ මෙන්න මෙහෙම තමන්ගේ ශ්‍රාවක පිරිසට විස්තර කරනවා. 'මහණෙනි, මේ ලෝකයේ අශ්‍රැතවත් පෘථග්ජනයෝ ඉන්නවා. අශ්‍රැතවත් පෘථග්ජනයාගේ ලක්ෂණ තමා ආර්ය දර්ශනය නොලැබූ අයෙකු වීම, ආර්ය ධර්මයෙහි අදක්ෂ වීම, ආර්ය ධර්මයේ නොහික්මෙන අයෙකු වීම, සත්පුරුෂ ධර්මය නොලැබීම, සත්පුරුෂ ධර්මයෙහි අදක්ෂ වීම, සත්පුරුෂ ධර්මයෙහි නොහික්මීම. ඒ කෙනා ඉන්නේ සක්කාය දිට්ඨිය තුළ. අප ඒක වඩාත් සවිස්තරව දක්වනවා නම් මෙහෙමයි.'

මේ පින්වතුන් දන්නා ලෙස බුදුරජාණන් වහන්සේ

වදාළ ධර්මය අපි චතුරාර්ය සත්‍ය ධර්මය ලෙස හඳුන්වමු.

- පළමුවෙනි එක දුක්ඛ ආර්ය සත්‍යය (දුකක් ඇති බව)
- දෙවෙනි එක සමුදය ආර්ය සත්‍යය (දුක යනු සකස්වෙන දෙයක් බව)
- තුන්වෙනි එක නිරෝධ ආර්ය සත්‍යය (ඒ දුකේ සකස්වීම නැති කළ හැකිය)
- හතරවෙනි එක මාර්ග ආර්ය සත්‍යය (ඒ දුක සකස් වීම නැති කරන මඟ)

මේ ප්‍රථම ආර්ය සත්‍යය තුළ බුදුරජාණන් වහන්සේ දුක පෙන්වා දෙන්නේ මේ ලෙසයි. ඉපදීම දුකක්, ජරාපත් වීම දුකක්, රෝග පීඩා වැළඳීම දුකක්, ප්‍රියයන්ගෙන් වෙන්වීම දුකක්, අප්‍රියයන් හා එක්වීම දුකක්. කැමති දේ නොලැබීම දුකක්, මරණය දුකක්. කෙටියෙන් කිවහොත් පංච උපාදානස්කන්ධය දුකක්. ඒ අනුව පළමුවන ආර්ය සත්‍යය වන දුක්ඛ ආර්ය සත්‍යය තුළ පංච උපාදානස්කන්ධය දුකක්.

නමුත් මේ පළමු වන ආර්ය සත්‍ය වන දුක්ඛාර්ය සත්‍ය අශ්‍රැතවත් පෘථග්ජනයා තේරුම් ගත්තේ නෑ. එය තේරුම් ගැනීමට පින් ඇත්තේ ශ්‍රැතවත් ආර්ය ශ්‍රාවකයාට විතරයි.

අශ්‍රැතවත් පෘථග්ජනයා දුක නොදකින්නේ ඇයි?

අපි මුලින් සඳහන් කළ හේතු ලෙස, මේ පුද්ගලයා
- ආර්ය ධර්මය නොලැබූ,

- ආර්ය ධර්මයට අදක්‍ෂ,
- ආර්ය ධර්මයෙහි නොහික්මෙන

අයෙකු නිසා පංච උපාදානස්කන්ධයෙහි දුක දන්නේ නෑ. ඔහු එවන් දුකක් වූ පංච උපාදානස්කන්ධය සතුටින් 'මම' ලෙස විසි ආකාරයකින් පිළිගන්නවා. එය ආත්ම ලෙස අත්විඳිනවා. එනම් දුකක් වන පංච උපාදානස්කන්ධය තම වසඟයේ පැවැත්විය හැකි දෙයක් ලෙස සලකා රැවටෙනවා. රූප ස්කන්ධය, වේදනා ස්කන්ධය, සංඥා ස්කන්ධය, සංඛාර ස්කන්ධය හා විඤ්ඤාණ ස්කන්ධය යන පංච උපාදානස්කන්ධය තමා හා තමාගේ ආත්මයක් ලෙස පිළිගන්නවා. තම වසඟයේ පැවැත්විය හැකි දේ ලෙස සිතනවා.

රූපයට රැවටිලා

1. රූපය ආත්මයක් ලෙස සලකයි. සතර මහා භූතයන්ගෙන් නිමැවුණු රූප මම ලෙසත්, මගේ ලෙසත්, මගේ ආත්මය ලෙසත්, දකිමින් තම රිසි පරිදි පැවැත්වීමට උත්සාහ දරනවා.
2. නැතහොත් තමා නිමැවුණේ රූපයෙන් යයි සලකා ක්‍රියා කරනවා.
3. එහෙමත් නැති නම් තමා තුළ රූපය ඇති ලෙස දකිනවා.
4. නැතහොත් රූපය තුළ තමා ඉන්නා බව විශ්වාස කරනවා.

කෙසේ හෝ අශ්‍රැතවත් පෘථග්ජනයා රූපය තුළ තමා දැකීමට උත්සාහ දරයි. තමා යන හැඟුමින් සොම්නසට පත්වෙනවා. මෙසේ වීමට හේතුව රූපය සතර මහා

භූතයන්ගෙන් සෑදුණු බව හෝ රූපය සතර භූතයන්ට අයත් දෙයක් ලෙස හෝ නොදැකීමයි. මේ දේවල් දැකීමට නම් බුදුරජාණන් වහන්සේ වදාළ දහම ඇසිය යුතුයි. එහෙත් අශ්‍රැතවත් පෘථග්ජනයා බුදුරජාණන් වහන්සේගේ ධර්මය දන්නෙ නෑ.

විඳීමට අසුවෙලා

ඊළඟට අශ්‍රැතවත් පෘථග්ජනයා වේදනාව සතර ආකාරයකින් ගන්නවා.

1. වේදනාව තමා ලෙසත්, තමාගේ ලෙසත්, තමාගේ ආත්මය ලෙසත් දකිනවා. වේදනාව ආත්මය කරගෙන ජීවත් වෙනවා.
2. නැතහොත් තමා තුළ වේදනාව ඇති ලෙස දකිනවා.
3. නැතහොත් වේදනාව තුළ තමා සිටින බව දකිනවා.
4. තමා සෑදී ඇත්තේ වේදනාවෙන් යැයි සලකනවා.

මෙලෙස විඳීම් පිළිබඳ සතර ආකාර ආත්ම දෘෂ්ටියකට මේ පුද්ගලයා වැටීමට හේතුව විඳීම ඇතිවීමට හේතු නොදැනීමයි. ස්පර්ශය හේතුවෙන් විඳීම ඇති වූ බව කියන බුදුරජාණන් වහන්සේගේ ධර්මය මේ පුද්ගලයාට අසා දැනගැනීමට පින හෝ, තේරුම් ගැනීමට දක්ෂතාවය නොමැති වීමයි.

හඳුනාගෙන අතරමං වෙලා

නැවත වරක් සංඥාව තුළ ද සතර ආකාරයකින් අතරමං වේ. රූප සංඥා, ශබ්ද සංඥා, ගන්ධ සංඥා, රස සංඥා, ස්පර්ශ සංඥා, ධම්ම සංඥා යනාදී ඕනෑම දෙයක් ආත්මීය ලෙස ගන්නවා.

1. අශ්‍රැතවත් පෘථග්ජනයා සංඥාව තමා ලෙස ගන්නවා.

2. නැතහොත් තමා සෑදී ඇත්තේ හඳුනාගන්නා දේ වලින් යැයි සලකනවා.

3. එසේ නැතහොත් හඳුනාගන්නා දේ තුළ තමා ඇතැයි සලකනවා.

4. නැතහොත් තමා තුළ හඳුනාගත් දේ ඇති බව සලකනවා.

මෙසේ රැවටෙන්නේ සංඥාව ඇතිවීමට හේතුව ස්පර්ශය බවත් ස්පර්ශය නැති විට හඳුනාගැනීමක් නොමැති වන බවත් කියවෙන ආර්ය ධර්මය මේ පුද්ගලයා අසා නොමැති නිසයි.

චේතනාවට අසුවෙලා

චේතනාව ද අශ්‍රැතවත් පෘථග්ජනයා සතර ආකාරයකට ගන්නවා. එනම්, ඇසින් දකින රූපයකට අනුව රූප සංචේතනා ඇතිකර ගන්නවා. කනෙන් අසන ශබ්දයකට අනුව ශබ්ද සංචේතනා ඇති කරගන්නවා. නාසයෙන් දැනෙන ගඳ සුවඳට අනුව ගන්ධ සංචේතනා ඇති කර ගන්නවා. දිවෙන් දැනෙන රසයට අනුව රස සංචේතනා ද, කයෙහි දැනෙන පහසට අනුව පහස සංචේතනා ද, මනසට යෙදෙන අරමුණු අනුව ධම්ම සංචේතනා ද ඇති කරගන්නවා. මේවා නිසා භවය සකස් වෙනවා.

1. අශ්‍රැතවත් පෘථග්ජනයා චේතනාව තමා ලෙස දකී.

2. නැතිනම් තමා නිමැවී ඇත්තේ සංස්කාර වලින් යැයි සලකා ක්‍රියා කරයි.

3. එහෙම නැතිනම් තමා තුළ සංස්කාර ඇති බව දකිනවා.

4. නැතිනම් සංස්කාර තුළ තමාව දකිනවා.

මේ නිසා අශ්‍රැතවත් පෘථග්ජනයා කිසිදිනක ස්පර්ශය නිසා සංස්කාර ඇතිවන වග තේරුම් ගන්නෙ නෑ. හේතුව ඔහු ආර්ය ධර්මයෙහි අදක්‍ෂ වීමයි.

සසර ඉම නොපෙනිලා

ඊළඟට අශ්‍රැතවත් පෘථග්ජනයා විඤ්ඤාණයට රැවටෙනවා. විඤ්ඤාණයට රැවටී සතර ආකාරයකින් විඤ්ඤාණය තමා ලෙස දකිනවා.

1. විඤ්ඤාණය තමා ලෙස දකිනවා.

2. තමා සෑදී ඇත්තේ විඤ්ඤාණයෙන් යැයි දකිනවා.

3. නැතහොත් තමා තුළ විඤ්ඤාණය ඇති බව දකිනවා.

4. එසේත් නැතිනම් විඤ්ඤාණය තුළ තමා ඇති බව දකිනවා.

මෙසේ විඤ්ඤාණය තුළ තමා දැකීමට හේතුව විඤ්ඤාණය ඇති වීමට හේතු නොදන්නාකමයි. එනම් නාම රූප ප්‍රත්‍යයෙන් විඤ්ඤාණය ඇති බව කියැවෙන බුදුරජාණන් වහන්සේගේ ධර්මය සේවනය නොකිරීමයි.

භයංකර බන්ධනය

වේදනා, සංඥා, චේතනා, ඵස්ස, මනසිකාර යන නාම ධර්මයන් හා සතර මහා ධාතූන්ගෙන් හටගත් රූපත් නිසා විඤ්ඤාණය ඇතිවන බවත් මේ හේතූන් නොමැති කල විඤ්ඤාණය නොමැති බවත් නොදන්නා අශ්‍රැතවත්

පෘථග්ජන තෙමේ රූපයට සක්කාය දිට්ඨිය නමැති බන්ධනයෙන් බැඳෙනවා.

රූපයට බැඳීම

අභ්‍යන්තර බාහිර වශයෙන් ඇස, කන, නාසය, දිව, කය මනස යන ආයතන හය ද තමා ලෙස ගෙන බාහිර ලෝකය ද තමන්ගේ ලෙස පිළිගන්නවා.

මෙලෙස අභ්‍යන්තර බාහිර වශයෙන් මේ පුද්ගලයා සක්කාය දිට්ඨියෙන් බැඳෙනවා. එම නිසා මෙම පුද්ගලයා සසරින් එතෙර වන හැටි දන්නෙ නෑ. සසර ගමනෙහි කෙළවර දන්නෙ නෑ.

මේ දේවලට අනුව අශ්‍රැතවත් පෘථග්ජනයා ආර්ය සත්‍ය දන්නෙ නෑ. දකින්නෙ නෑ. මේ බන්ධන නැති කළහොත් නිවන කරා යා හැකි බව දන්නෙ නෑ. මේ වටිනා දේවල් නොදන්නා අවාසනාවන්ත පෘථග්ජනයා බැඳිලම උපදිනවා. බැඳිලම වයසට ගොස් ජරාපත් වී මරණයට පත්වෙනවා. බැඳිලම මේ ලෙසින් එලොව යනවා.

විඳීමට බැඳීම

බුදුරජාණන් වහන්සේ පෙන්වා දුන් ආකාරයට අනුව ඒ අශ්‍රැතවත් පෘථග්ජනයා පෙර ලෙසම වේදනාවටත් සක්කාය දිට්ඨිය නමැති බන්ධනයෙන් බැඳෙනවා. නොදැනීම අභ්‍යන්තර හා බාහිර වශයෙන් විඳීම්වලට බැඳෙනවා. බැඳීමෙන් පසු සසරින් එතෙර වන ආකාරය මේ පුද්ගලයා දන්නෙ නෑ. සසර කෙළවරක් දන්නෙ නෑ. නිදහස් වෙන ආකාරය දකින්නෙ නෑ. එවිට ඔහු බැඳීමෙන් උපදී. බැඳීමෙන්ම වයසට ගොස් ජරාපත් වී මරණයට පත්වෙනවා. බැඳීමෙන්ම මෙලොවින් පරලොව යනවා.

සංඥාවට බැඳීම

අවාසනාවන්ත පෘථග්ජනයා හඳුනාගැනීම් වලට ද පෙර ලෙසම අභ්‍යන්තර බාහිර වශයෙන් බැඳෙනවා. සක්කාය දිට්ඨියෙන් සංඥාවට එලෙස බැඳෙන අශ්‍රැතවත් පෘථග්ජන තෙමේ සසරින් එතෙර වන හැටි දකින්නේ නෑ. සසර ගමනෙහි කෙළවර දන්නෙ නෑ.

මේ හේතුවෙන් සංඥාවට බැඳීමෙන්ම ඔහු උපදිනවා. සංඥාවට බැඳීමෙන්ම වයසට ගොස් මරණයට පත් වී සංඥාවට බැඳිමෙන්ම මෙලොවින් පරලොව යනවා.

සංඛාරවලට බැඳීම

ඊළඟට මේ අශ්‍රැතවත් පෘථග්ජනයා සසර සරන්නා සංඛාරයටත් සක්කාය දිට්ඨියෙන් බැඳෙනවා. මේ හේතුව නිසා ඔහු සසරින් එතෙර වන හැටි දකින්නෙ නෑ. සසර ගමනෙහි කෙළවර දන්නෙ නෑ. මේ බැඳීම ම ඔහුට උපතත්, මේ බැඳීම ම ඔහුට වයසට ගොස් මරණයත්, මේ බැඳීම ම මෙලොවින් පරලොවත් සඳා දෙනවා.

විඤ්ඤාණයට බැඳීම

මෙලෙස සක්කාය දිට්ඨියේ බන්ධන ග්‍රහණයට විඤ්ඤාණයෙන්ද පෘථග්ජනයා හසුවෙනවා. අභ්‍යන්තර හා බාහිර විඤ්ඤාණයට බැදෙන පෘථග්ජනයා එතෙර මෙතෙර නොදන සසර කෙලවර නොදන, බැඳීමෙන්ම උපතත්, බැඳීමෙන්ම මරණයත්, බැඳීමෙන්ම පරලොවත් ලඟා කරගන්නවා මෙලෙස පෘථග්ජන තෙමේ සක්කාය දිට්ඨිය නම් භයංකර බන්ධනයට බැඳී කාම භව, රූප භව, අරූප භව තුළ කල්ප ගණන් සැරිසරනවා.

භයංකර බන්ධනයෙන් මිදුණු ඇත්තෝ...

බුදුරජාණන් වහන්සේ ප්‍රකාශ කරනවා "මහණෙනි, මේ වගේ නෙවෙයි ශ්‍රැතවත් ආර්ය ශ්‍රාවකයා. ඔහු සක්කාය දිට්ඨියෙන් බැඳී භවය දිගු කරගන්නේ නැහැ." බුදුරජාණන් වහන්සේ වදාළ ආර්ය ධර්මය එයා ලබනවා. එය අවබෝධ කරගැනීමට දක්ෂ වෙනවා. අවබෝධ කළ ධර්මයේ හික්මෙනවා.

බන්ධනයෙන් මුදවාලූ ආර්ය ධර්මය...

ශ්‍රැතවත් ආර්ය ශ්‍රාවකයා හික්මවූ, ඔහුගේ භව ගමන කෙටි කළ ආර්ය ධර්මයේ උගන්වන්නේ මේවායි.

ඇස අනිත්‍යයි, කන අනිත්‍යයි, නාසය අනිත්‍යයි, දිව අනිත්‍යයි, ශරීරය අනිත්‍යයි, සිත අනිත්‍යයි.

රූප අනිත්‍යයි, ශබ්ද අනිත්‍යයි, ගඳ සුවඳ අනිත්‍යයි, රස අනිත්‍යයි, පහස අනිත්‍යයි, ධම්ම අනිත්‍යයි.

චක්ඛු විඤ්ඤාණය අනිත්‍යයි, සෝත විඤ්ඤාණය අනිත්‍යයි, ඝාණ විඤ්ඤාණය අනිත්‍යයි, ජිව්හා විඤ්ඤාණය අනිත්‍යයි, කාය විඤ්ඤාණය අනිත්‍යයි, මනෝ විඤ්ඤාණය අනිත්‍යයි.

ඇසේ ස්පර්ශය අනිත්‍යයි, කනේ ස්පර්ශය අනිත්‍යයි, නාසයේ ස්පර්ශය අනිත්‍යයි, දිවේ ස්පර්ශය අනිත්‍යයි, කයේ ස්පර්ශය අනිත්‍යයි, මනසේ ස්පර්ශය අනිත්‍යයි.

ඇසේ ස්පර්ශයෙන් හටගන්නා විඳීම අනිත්‍යයි. කනේ ස්පර්ශයෙන් හටගන්නා විඳීම අනිත්‍යයි. නාසයේ ස්පර්ශයෙන් හටගන්නා විඳීම අනිත්‍යයි. දිවේ ස්පර්ශයෙන් හටගන්නා විඳීම අනිත්‍යයි. කයේ ස්පර්ශයෙන් හටගන්නා

විඳීම අනිත්‍යයි. මනසේ ස්පර්ශයෙන් හටගන්නා විඳීම අනිත්‍යයි.

රූප සංඥා අනිත්‍යයි, ශබ්ද සංඥා අනිත්‍යයි, ගන්ධ සංඥා අනිත්‍යයි, පහස සංඥා අනිත්‍යයි. ධම්ම සංඥා අනිත්‍යයි.

රූප සංචේතනා අනිත්‍යයි, ශබ්ද සංචේතනා අනිත්‍යයි, ගන්ධ සංචේතනා අනිත්‍යයි, රස සංචේතනා අනිත්‍යයි, රස සංචේතනා අනිත්‍යයි. පහස සංචේතනා අනිත්‍යයි, ධම්ම සංචේතනා අනිත්‍යයි.

බුදුරජාණන් වහන්සේ තම ආර්ය ශ්‍රාවකයන්ට මේ දේවල් අනිත්‍ය ලෙස බලන ලෙස උගන්වා තියෙනවා. පෘතග්ජන පුද්ගලයා මේ දේවල් ආර්ය ධර්මයට අනුව අනිත්‍ය ලෙස පුහුණු කරන කළ ඔහු තවදුරටත් පෘථග්ජන පුද්ගලයෙකු වන්නේ නෑ. මෙසේ අනිත්‍ය වශයෙන් පංච උපාදානස්කන්ධය විමසන කල්හි බුදුරජාණන් වහන්සේලා තවදුරටත් මේ ආකාරයට උපදෙස් දෙනවා.

රූපය.... කෙතරම් අනිත්‍යයද?

"අතීත හෝ වේවා, වර්තමාන වේවා, අනාගත හෝ වේවා, ආධ්‍යාත්ම වේවා, බාහිර වේවා, ගොරෝසු වේවා, සියුම් වේවා, හීන වේවා, ප්‍රණීත වේවා, දුර හෝ වේවා, ළඟ හෝ වේවා, යම් රූපයක් ඇද්ද, සතර මහා ධාතූන් ගෙන් හටගත් දේවල් අනිත්‍යයි" කියලා.

ශ්‍රැතවත් ආර්ය ශ්‍රාවකයා ධර්මය තුළ හික්මෙයි....

මේ ධර්මය අසන, ආර්ය දර්ශනයෙහි දක්ෂ ශ්‍රැතවත් ආර්ය ශ්‍රාවකයා මෙලෙස සිතීමට පටන් ගන්නවා. ඔහු

රූපයෙහි අනිත්‍යභාවය මේ ලෙසින් නිරන්තරයෙන්ම පුහුණු කරනවා.

වේදනාවත් තවදුරටත් අනිත්‍යයි....

තථාගත බුදුරජාණන් වහන්සේලා අනිත්‍ය වූ වේදනාව තවදුරටත් දකින්නට මෙසේ උපදෙස් දෙන සේක.

"අතීත හෝ වේවා, වර්තමාන වේවා, අනාගත හෝ වේවා, ආධ්‍යාත්ම හෝ වේවා, බාහිර වේවා, ගොරෝසු වේවා, සියුම් වේවා, හීන වේවා, ප්‍රණීත වේවා, දුර හෝ වේවා, ළඟ හෝ වේවා, යම් වේදනාවක් ඇද්ද ඒකත් අනිත්‍යයි" කියලා.

හඳුනාගැනීමේ අනිත්‍යය තවදුරටත් හඳුනාගනිමු

තථාගත බුදුරජාණන් වහන්සේලා හඳුනාගැනීමේ අනිත්‍යය තවදුරටත් මෙසේ පුහුණු කරන්න උපදෙස් ලබා දෙනවා.

"අතීත හෝ වර්තමාන හෝ අනාගත හෝ අධ්‍යාත්ම හෝ බාහිර හෝ ගොරෝසු හෝ සියුම් හෝ හීන හෝ ප්‍රණීත හෝ දුර හෝ ළඟ හෝ යම් හඳුනාගැනීමක් (සංඥාවක්) ඇද්ද ඒකත් අනිත්‍යයි"

චේතනා අනිත්‍යයි

කාරුණික බුදුරජාණන් වහන්සේලා තම ශ්‍රාවකයින්ට තවදුරටත් මෙසේ උපදෙස් ලබාදෙනවා.

"අතීත හෝ වේවා, වර්තමාන වේවා, අනාගත වේවා, ආධ්‍යාත්ම වේවා, බාහිර වේවා, ගොරෝසු වේවා,

සියුම් වේවා, හීන වේවා, ප්‍රණීත වේවා, දුර හෝ වේවා, ලඟ හෝ වේවා, යම් චේතනාවක් (සංස්කාරයක්) ඇද්ද එය අනිත්‍යයි."

විඤ්ඤාණයත් අනිත්‍යයි

ලෝ සත වෙත අනන්ත මෙත් සිත පැතිරූ තථාගත බුදුරජාණන් වහන්සේ තවදුරටත් මෙලෙස උපදෙස් දෙනවා.

"අතීත වේවා, වර්තමාන වේවා, අනාගත වේවා, ආධ්‍යාත්ම හෝ වේවා, බාහිර හෝ වේවා, ගොරෝසු හෝ වේවා, සියුම් හෝ වේවා, හීන හෝ වේවා, ප්‍රණීත හෝ වේවා, දුර හෝ ළඟ හෝ යම් විඤ්ඤාණයක් ඇද්ද එය අනිත්‍යයි"

පංච උපාදානස්කන්ධයෙහි දුක

මෙලෙස පංච උපාදානස්කන්ධයෙහි දුක හටගත් ආකාරය නැවතත් විස්තර කර සැකෙවින් දක්වනවා නම්;

1. රූප හටඅරගෙන ඇත්තේ සතර මහා ධාතු නිසා. ඒ නිසාම රූපය අනිත්‍යයි. සතර මහා ධාතු නැතිවීමෙන් රූපය නැති වේ.

2. වේදනා හටඅරගෙන ඇත්තේ ස්පර්ශය නිසා. ඒ නිසාම විඳීම අනිත්‍යයි. ස්පර්ශය නැතිවීමෙන් විඳීම නැති වේ.

3. සංඥා හටඅරගෙන ඇත්තේ ස්පර්ශය නිසා. ඒ නිසාම හඳුනාගැනීම අනිත්‍යයි. ස්පර්ශය නැතිවීමෙන් සංඥාව නැති වේ.

4. සංඛාර හටඅරගෙන ඇත්තේ ස්පර්ශය නිසා. ඒ

නිසාම චේතනාව අනිත්‍යයි. ස්පර්ශය නැතිවීමෙන් සංඛාර නැති වේ.

5. විඤ්ඤාණය හටඅරගෙන ඇත්තේ නාමරූප නිසා. ඒ නිසාම විඤ්ඤාණය අනිත්‍යයි. නාමරූප නැතිවීමෙන් විඤ්ඤාණය නැති වේ.

බුදුරජාණන් වහන්සේලාගේ උපදෙස් පිළිපදින ශ්‍රැතවත් ආර්ය ශ්‍රාවකයා මෙලෙස දිගටම පුරුදු කරන කළ ඔහුට ටිකින් ටික වැටහෙන්නේ රූපය, වේදනාව, සංඥාව, චේතනාව හා විඤ්ඤාණය අනිත්‍යය බවයි. දැන් ඔහු තවදුරටත් රූප ආත්මය ලෙස ගන්නෙ නැහැ. තමා සෑදී ඇත්තේ රූපයෙන් කියා දකින්නෙ නැහැ. තමා තුළ රූපය ඇතැයි දකින්නෙ නැහැ. රූපය තුළ තමා ඇතැයි දකින්නෙ නැහැ. එයා යථාර්ථය මෙලෙස දකිනවා. එනම්;

- අනිත්‍ය හේතූන් නිසා රූපය හටගන්නවා.
- අනිත්‍ය හේතූන් නිසා රූපය පවතිනවා.
- අනිත්‍ය හේතූන් නැති වී යන කල රූපය නැතිවෙනවා.

ඔහු විඳීම ද මෙලෙස සලකනවා. වේදනාව තමා ලෙස දකින්නෙ නැහැ. තමා සෑදී ඇත්තේ විඳීමෙන් යයි දකින්නේ නැහැ. තමා තුළ විඳීම ඇතැයි දකින්නෙ නැහැ. විඳීම තුළ තමා ඇතැයි දකින්නෙ නැහැ. විඳීම යථා ලෙසම දකිනවා.

- අනිත්‍ය වූ ස්පර්ශය නිසා විඳීම හටගෙන ඇත.
- අනිත්‍ය වූ ස්පර්ශය නිසා විඳීම පවතිනවා.
- අනිත්‍ය වූ ස්පර්ශය නැති වී යන කළ විඳීම නැතිවෙනවා.

ඔහු සංඥාව ද ආත්මය ලෙස සලකන්නෙ නැහැ. ආත්මය සෑදී ඇත්තේ සංඥාවෙන් යැයි දකින්නේ නැහැ. ආත්මය (තමා) තුළ සංඥාව ඇතැයි සිතන්නෙ නැහැ. සංඥාව තුළ ආත්මය (තමා) ඇතැයි සිතන්නෙ නැහැ. සංඥාවේ සැබෑ තතු ම අවබෝධ කරනවා.

- අනිත්‍ය වූ ස්පර්ශය නිසා හඳුනාගැනීම හටගෙන ඇත.
- අනිත්‍ය වූ ස්පර්ශය නිසා හඳුනාගැනීම පවතිනවා.
- අනිත්‍ය වූ ස්පර්ශය නැති වී යන කල හඳුනාගැනීම නැතිවෙනවා.

ඊළඟට ශ්‍රැතවත් ආර්ය ශ්‍රාවකයා චේතනාව ද තමා ලෙස ගන්නෙ නැහැ. තමා සෑදී ඇත්තේ චේතනාවෙන් යැයි සලකන්නෙ නැහැ. චේතනාව තුළ තමා ඇතැයි හෝ තමා තුළ චේතනාව ඇතැයි යන දූර්මතය ඉවත දමා සත්‍යයම දකිනවා.

- අනිත්‍ය වූ ස්පර්ශය නිසා චේතනාව හටගෙන ඇත.
- අනිත්‍ය වූ ස්පර්ශය නිසා චේතනාව පවතිනවා.
- අනිත්‍ය වූ ස්පර්ශය නැති වී යන කල චේතනාව නැති වේ.

ඊළඟට ශ්‍රැතවත් ආර්ය ශ්‍රාවකයා විසින් විඤ්ඤාණය තමා ලෙස ගන්නෙ නැහැ. තමා සෑදී ඇත්තේ විඤ්ඤාණයෙන් යැයි සිතන්නෙ නැහැ. විඤ්ඤාණය තමා තුළ හෝ විඤ්ඤාණය තුළ තමා ඇතැයි නොසලකා විඤ්ඤාණයේ ද සත්‍ය ස්වභාවය පැහැදිලිවම දකිනවා.

- අනිත්‍ය වූ නාමරූප නිසා විඤ්ඤාණය හටගෙන ඇත.

- අනිත්‍ය වූ නාමරූප නිසා විඤ්ඤාණය පවතිනවා
- අනිත්‍ය වූ නාමරූප නැතිවන කල විඤ්ඤාණය නැතිවෙනවා.

බන්ධනයෙන් නිදහස් ....?

මෙලෙස හටගැනීම, පැවතීම හා නැතිවීම පිළිබඳ තේරුම් ගන්නා පුද්ගලයා රූපවලට යළි බැඳෙන්නේ නැහැ. අභ්‍යන්තර බාහිර ලෙස බන්ධනයෙන් බැඳෙන්නෙ නැහැ. කෙළවර දකිනවා. අනිත්‍ය දේ අනිත්‍ය ලෙසත්, දුක් දේ දුක් ලෙසත්, තම වසඟයෙහි පැවැත්විය නොහැකි දේ එසේ පැවැත්විය නොහැකි ලෙසත් දකිනවා. මේ තුළින් සක්කාය දිට්ඨිය නම් වූ මුලාවේ දමන බන්ධනය වැනසී යනවා.

- පවතින තාක් පවතින්නේ සතර මහා ධාතූන්ගෙන් හටගත් රූපයක් බවත්,
- පවතින තාක් පවතින්නේ ස්පර්ශයෙන් හටගත් විඳීමක් බවත්,
- පවතින තාක් පවතින්නේ ස්පර්ශයෙන් හටගත් හඳුනා ගැනීමක් බවත්,
- පවතින තාක් පවතින්නේ ස්පර්ශයෙන් හටගත් චේතනාවක් බවත්,
- පවතින තාක් පවතින්නේ නාමරූප නිසා හටගත් විඤ්ඤාණයක් බවත්

හෙතෙම වටහා ගන්නවා. මේ පැවසූ අනිත්‍ය වූ, හේතුවක් නිසා හටගෙන, හේතුවක් නිසාම පවතින, හේතුව නැති වූ කල වැනසී යන පංච උපාදානස්කන්ධය පවතින්නේ දුක්ඛාර්ය සත්‍යය තුළ බව අවබෝධ

කරගන්නවා. ඒ අනුව පංච උපාදානස්කන්ධය පවතින තාක් පවතින්නේ දුකක් ම බව ප්‍රත්‍යක්ෂ කරගන්නවා.

එලෙසම නිදහස් වන තාක් නිදහස් වීමට ඇත්තේ ද දුකින්ම බව අවබෝධ කරනවා. මෙම තත්වයට පත් පුද්ගලයා කිසි විටෙක ආත්මය ලෙස, මම ලෙස නොගෙන හේතුඵල දහමින් හටගත් දුකක් ලෙස පංච උපාදානස්කන්ධය දකිනවා.

බන්ධනයේ රහස ඇත්තේ ආර්ය ධර්මයේ පමණයි

සක්කාය දිට්ඨියෙන් නිදහස් වුණු ආර්ය ශ්‍රාවක බවට පත්වූ පුද්ගලයා මෙසේ පංච උපාදානස්කන්ධය දුකක් බව අවබෝධ කරගත් විට, දුකින් නිදහස් වීමට මඟ සොයනවා. නිදහස් විය යුත්තේ කුමකින් දැයි සිතමින් නිරතුරු වෙහෙසෙනවා. සංසාරගත දුකට සත්වයා බැඳ තබා ඇති බැමි සොයා වෙහෙසෙනවා. බැඳීමෙන්ම උපතත්, මරණයත්, පරලොවත් සාදන මේ භයංකර බන්ධනය සොය සොයා වෙහෙසෙනවා.

මේ අවස්ථාවේදීත් පිහිටට එන්නේ කාරුණික බුදුරජාණන් වහන්සේගේ ආර්ය ධර්මය මයි. කල්ප ගණන් දුක් විඳ උන්වහන්සේ අවබෝධ කරගත්තේ මේ දුක්ඛ බන්ධනයෙන් නිදහස් වන ආකාරයයි. දුක තුළම උපදින, මැරෙන, පරලොව යන මිනිසුන් කෙරෙහි උපන් මහා කරුණාවෙන් උන්වහන්සේ මේ භයංකර බන්ධනයේ ස්වභාවය මෙසේ විස්තර කළා. එයින් ගැලවෙන්නේ කෙසේ දැයි ඉගැන්වූවා.

සිතුවිලි බැම්මේ ශක්තිය ......

කලකදී සුර අසුර යුද්ධයක් ඇතිවුණා. සුර අසුර යුද්ධය ඇතිවූ අවස්ථාවේ අසුරයන්ගේ නායකයා වන වේපචිත්ති තම අසුර සේනා කැඳෙව්වා. කැඳවා මෙසේ උපදෙස් දුන්නා. "මේ යුද්ධයෙන් සුරයන් පැරදුනහොත් සුර සේනාවේ නායක වන ශක්‍ර දෙවියන්ව ඔළුව පස්වෙනි කොට බැඳ තබා රැගෙන ආ යුතුය" මේ වෙලාවේ සුරයන්ගේ නායකයා වන ශක්‍ර දේවේන්ද්‍රයාත් තම දිව්‍ය සභාව කැඳවා මෙසේ උපදෙස් දුන්නා. "මේ යුද්ධයෙන් අසුරයන් පැරදුණු කල අසුර නායක වේපචිත්ති බෙල්ල පස්වෙනි කොට බැඳ රැගෙන ආ යුතුය" බෙල්ල පස්වෙනි කොට බැඳීම යනු අත් දෙක සහ පාද දෙක යන හතර සමඟ ඔළුව ද ගැට ගැසීමයි.

මේ යුද්ධයෙන් අසුරයෝ පරාජය ලැබුවා. සුරයෝ ජය ලැබුවා. මේ නිසා වේපචිත්තිගේ අත් දෙකත්, කකුල් දෙකත්, බෙල්ලත් බැඳලා ඔහුව දිව්‍ය සභාවට රැගෙන ආවා. ඔහු දිව්‍ය සභාවේ සිට මෙලෙස සිතන කල "දෙවියෝ ධාර්මිකයි. අසුරයෝ අධාර්මිකයි, ඔහුගේ බන්ධනය ලිහිල් වී නිදහස් වෙනවා. ඔහුව බැඳ දමා තිබෙන්නේ භෞතික ලෙස දැකිය හැකි නූලකින් හෝ කඹයකින් හෝ දම්වැලකින් හෝ නොවේ. සිතුවිල්ලකින් පමණයි. ඉන්පසු ඔහුට සියලු දිව්‍ය සැප පහල වෙනවා. දිව්‍ය සැප ලබන කල ඔහුට මෙහෙම සිතුවිල්ලක් ඇතිවෙනවා. "මම අසුර ලෝකෙට යනවා. දෙවියෝ අධාර්මිකයි" කියලා. ඒ සැණෙකින් ඔහු නැවත බන්ධනයට හසු වී සිරවෙනවා. ඒ සිතුවිලි දෙක තමා ඔහුව සිරකරන්නෙත්, නිදහස් කරන්නෙත්, බුදුරජාණන් වහන්සේ වේපචිත්ති බන්ධනය මේ ලෙස දක්වනවා. එලෙසම සංසාරගත සත්වයා පංච

උපාදානස්කන්ධයට සිතුවිල්ලකින් බැඳී සිටින ආකාරය පෙන්වා දෙනවා.

වේපචිත්ති බන්ධනයට හසු වූ මිනිස්සු

සංසාරගත සත්වයා,

- ඇසට බැඳී සිටින්නේ 'මම' ලෙසයි.
- කනට බැඳී සිටින්නේ 'මම' ලෙසයි.
- නාසයට බැඳී සිටින්නේ 'මම' ලෙසයි.
- දිවට බැඳී සිටින්නේ 'මම' ලෙසයි.
- ශරීරයට බැඳී සිටින්නේ 'මම' ලෙසයි.
- මනසට බැඳී සිටින්නේ 'මම' ලෙසයි.

මේ සියල්ලට බැඳී සිටිනතාක් බැඳී සිටිනුයේ මාරයාටයි. මේ මාර බන්ධනයෙන් නිදහස් වීමට නම් ඇස, කන, නාසය, දිව, කය, මනස යන ආයතන හය පිළිබඳ 'මම' යන සිතුවිල්ල වෙන් වෙන් වශයෙන් ගෙන විමසා බැලිය යුතුයි.

රූපය තුළ, වේදනාව තුළ, සංඥාව තුළ, සංස්කාර තුළ, විඤ්ඤාණය තුළ නිත්‍ය කිසිවක් නොමැති බව අප නිරතුරු දැකිය යුතුය. එහෙත් 'මම' කියන සිතුවිල්ල නිසා අප මේ පංච උපාදානස්කන්ධයන්ට බැඳී සිටිනවා. ඒ බැඳීම හේතුවෙන්ම උපත ලබනවා. ඒ බැඳීම හේතුවෙන්ම මියයනවා. බැඳීම හේතුවෙන්ම පරලොව යනවා.

බුදුරජාණන් වහන්සේ මෙහිදී පහදා දෙන්නෙ මේ බැඳීමේ ඇති සියුම් භාවයයි. මේ සියුම් වූ එහෙත් භයංකර වූ බැම්ම අපව බැඳගෙන සසරේ ඇදගෙන යනවා. බුදුරජාණන් වහන්සේගේ ඒකායන අරමුණ වුනේ

අප සැමගේ අවධානය මේ සියුම් බන්ධනය වෙත යොමු කිරීමයි. බාහිර ලෝකයට මේ සියුම් බන්ධනය පෙනෙන්නෙ නැහැ. ඇසට 'මම' ලෙස බැඳී සිටින වග පෙනෙන්නේ නැහැ. කනට 'මම' ලෙස බැඳී සිටින වග පෙනෙන්නෙ නැහැ. අනිකුත් ආයතනවලට 'මම' ලෙස බැඳී සිටින වග පෙනෙන්නෙ නැහැ. එලෙසම මේ නොපෙනෙනා බන්ධනයෙන් නිදහස් වීමත් බාහිර ලෝකයට පෙනෙන්නෙ නැහැ.

සිතුවිල්ලකින් නිදහස

මේ නොපෙනෙන බන්ධනයෙන් නිදහස් වීමට බන්ධනයේ නියම තතු හෙළි කරගත යුතුය. බන්ධනයේ ස්වභාවය අවබෝධ කරගත යුතුය. මෙම සත්‍ය බලන විට දකින්නට ලැබෙන්නේ චතුරාර්ය සත්‍ය ධර්මයයි. චතුරාර්ය සත්‍ය දකින්නට දක්ෂ වූ තැනැත්තා සම්මා දිට්ඨිය ලබා ගන්නවා. සම්මා දිට්ඨියට පැමිණුනු තැනැත්තා එතෙර දකිනවා. එතෙර වන මග දකිනවා.

මේ පුද්ගලයා අනිත්‍ය දේ අනිත්‍ය ලෙසත්, දුක් දේ දුක් ලෙසත්, අනාත්ම දේ අනාත්ම ලෙසත් දැකීමට පටන් ගන්නවා. ඒ ආකාරයට විමසමින් යන කල ධර්මය ටිකින් ටික වැටහෙනවා. 'මම' යන සිතුවිල්ල තුනී වී යන කල බන්ධනයේ ලිහිල් වීම ආරම්භ වෙනවා. එවිට ඇස, කන, නාසය, දිව, කය, මනස නමැති ගෘහයට අධිපති මාරයාගේ බන්ධනයෙන් ටිකින් ටික නිදහස් වීම ආරම්භ වෙනවා. මේ සඳහා උපකාරී වෙන්නේ සම්මා සම්බුදුරජාණන් වහන්සේ දෙසූ ආර්ය අෂ්ටාංගික මාර්ග යයි. මාර බන්ධනයෙන් නිදහස් වන මඟ ආර්ය ශ්‍රාවකයා අසා දැන ගන්නේ උන්වහන්සේගෙනුයි. උපදෙස් ගන්නේ

ගුරු කොට ගන්නේ උන්වහන්සේ විසින් දේශිත ධර්මයයි. පා තබා යන්නේ උන්වහන්සේගේ ශ්‍රාවක සඟ රුවන දුකින් නිදහස් වූ, මාර බන්ධනයෙන් නිදහස් වූ ආර්ය අෂ්ටාංගික මාර්ගයේයි.

මේ අනුව අප තේරුම් ගන්නවා, ඕනෑම පුද්ගලයෙකු මාර බන්ධනයෙන් නිදහස් වීමට නම් පළමුව සක්කාය දිට්ඨියෙන් නිදහස් විය යුතු බව. සක්කාය දිට්ඨියෙන් නිදහස් වී අනිත්‍ය දේ අනිත්‍ය ලෙසත්, දුක් දේ දුක් ලෙසත්, අනාත්ම දේ අනාත්ම ලෙසත් දකින විට ඔහුට පෙනෙනවා දුකට ඇලෙන ආකාරය. එවිට ඔහු තේරුම් ගන්නේ දුක හටගන්නා ආකාරයයි. ඇලීම නොමැති කල දුක හටගන්නේ නැති බව දකියි. එවිට දකින්නේ දුකේ නැතිවීමයි. මේ ටික තේරුම් ගත් කල ශීල, සමාධි, ප්‍රඥා වලින් යුතු දුකින් නිදහස් වන මඟ පෙන්වන ආර්ය අෂ්ටාංගික මාර්ගයට මේ පුද්ගලයා බැසගන්නවා. එවන් වූ පුද්ගලයා මේ ගෞතම බුද්ධ ශාසනයේ නියම ප්‍රයෝජනය ලබා ගන්නවා.

යෝනිසෝ මනසිකාරයෙන් පිට බෑ.........

මේ අනුව අප තේරුම් ගත යුතුයි, මෙලොව ඇතිවූ ඕනෑම බුද්ධ ශාසනයක් තුළ යම් කිසිවෙකු දුක්ඛ බන්ධනයෙන් නිදහස් වූවා නම් ඒ සඳහා උපකාරී වූයේ යෝනිසෝ මනසිකාරයයි. යෝනිසෝ මනසිකාරය යනු අසන්නා ඇසූ සද්ධර්මයට අනුව නුවණින් විමසීමයි. අතීතයේ අනාගතයේ හෝ වර්තමානයේ යම් කිසිවෙකු ධර්මය අවබෝධ කළා නම් හෝ කරන්නේ නම්, එය යෝනිසෝ මනසිකාරය තුළින්ම බව අප තේරුම් ගත යුතුය. එලෙසට මේ සෑම අයෙකුම යෝනිසෝ මනසිකාරය

ඇති කරගත්තේ ද සද්ධර්ම ශ්‍රවණය තුළින්මයි. කෙතරම් හොඳ සිහියකින් යුතු අයෙකු වුවත් සද්ධර්ම ශ්‍රවණයෙන් තොරව යෝනිසෝ මනසිකාරය ඇතිකර ගන්නෙ නැහැ. මෙයට උදාහරණයක් ලෙස බුදුරජාණන් වහන්සේගේ ශ්‍රාවකයන් අතර යෝනිසෝ මනසිකාරයෙන් අග තැන්පත් සාරිපුත්ත ස්වාමීන් වහන්සේ ගත හැකියි. උන්වහන්සේ බුදුරජාණන් වහන්සේ අභියස දහම් අසන තුරු සසර සැරිසැරුවා. ඒ අනුව බන්ධනයෙන් නිදහස් වීමට සද්ධර්ම ශ්‍රවණයත්, යෝනිසෝ මනසිකාරයත් යන කරුණු දෙකම අවශ්‍ය බව පසක් වෙනවා. එලෙසම කෙතරම් සද්ධර්මය ඇසුවත් එය යෝනිසෝ මනසිකාරය තුළින් පුරුදු නොකර ගැලවීමක් නොමැති බවද පැහැදිලි වෙනවා.

හතරමං හන්දියක තැලෙන යව කරල් මිටිය

මෙලෙස යොනිසෝ මනසිකාරය නොමැති, සද්ධර්මය ශ්‍රවණය නොකළ, සක්කාය දිට්ඨියෙන් යුතු පුද්ගලයා හතරමං හන්දියක හය දෙනෙකුගෙන් තැලෙන යව කරල් මිටියක් වැනි යයි බුදුරජාණන් වහන්සේ ප්‍රකාශ කළා. ඔහු ඇසින් රූප දැක ඒ මනාප අමනාප අරමුණු හා ගැටෙමින් පීඩාවට පත්වෙනවා. කනෙන් ශබ්ද අසා ඒ මනාප අමනාප අරමුණුවලින් පීඩාවට පත්වෙනවා. නාසයෙන් ගඳ සුවඳ දැන ඒවායින් පීඩාවට පත්වෙනවා. දිවෙන් රස විඳ එයින් පීඩාවට පත්වෙනවා. කයෙන් පහස ලබා පීඩාවට පත්වෙනවා. මනසින් අරමුණු ගෙන ඒවායින් පීඩාවට පත්වෙනවා. මෙලෙස සය දෙනෙකුගෙන් තැළුම් කමින් පීඩාවට පත්වෙමින්ම, පොඩි වෙමින් විනාශ වෙමින්ම නැවත සිතන්නේ, නැවත පතන්නේ "අනේ මේ දුක් නැවත මට නොයේවා! මගේ අම්මා ම, මගේ තාත්තා ම මගේ දරුවෝ ම ඊළඟ ජාතියේදීත් මට ලැබේවා!"

කියායි. මෙලෙස සිතන විට බුදුරජාණන් වහන්සේ දේශනා කරන්නේ අර තැලී පොඩි වුණු යව කරල් මිටිය තවත් දෑවැත්ත පුරුෂයෙකු මහා තඩි පොල්ලකින් නැවත තලනවා වැනියි කියායි.

බුදු දහමේ නොමැති පින් වාක්‍ය.........

මෙලෙස පංච උපාදානස්කන්ධයේ අනිත්‍ය ම, දුක ම දුටු බුදුරජාණන් වහන්සේගේ ධර්මය නිවැරදිව අවබෝධ කරගන්නට අපොහොසත් අප "මෙතැන් පටන් නිවන් දක්නා ජාති දක්වා විශාකා වගේ උපදින්න ලැබේවා! සුජාතා වගේ උපදින්න ලැබේවා! බන්ධුල මල්ලිකා වගේ උපදින්න ලැබේවා! මහාලතාප්‍රසාදිනී ලැබේවා! හිරණ්‍යස්වර්ණ ලැබේවා! ගවමහීෂාදී ලැබේවා!" යනුවෙන් පින් වාක්‍ය කියා ගැනීමෙන් කෙතරම් පොලු පහර සංඛ්‍යාවක් පතනවාද? මේ කිසිවක් බුදුරජාණන් වහන්සේගේ දහමෙහි තිබූ දේවල් ද.....? අප මේ දක්වා සසර ඇවිද ආවේ මේ වැරදි අවබෝධයන් නිසා නේද? අපට යම් කිසිවක නිවැරදි ම, සත්‍ය ම ස්වභාවය හඳුනා ගැනීමට නම් ඒ යථාර්ථය, සත්‍යය අවබෝධ කළ ශාස්තෲන් වහන්සේගේ අදහස ම තේරුම් ගත යුතු වෙනවා නේද? අප කොතැනක හෝ එම අදහසින් දශම මාත්‍රයක් හෝ පිටතට ගියෝතින් උන්වහන්සේ අදහස් කළ දෙය තේරුම් නොගෙන නැවත සසරේම දුක් විඳිමින් යන්නට සිදුවෙනවා.

සැබෑවටම අවශ්‍යතාවයක් ඇති විය යුතුයි

මේ අනුව අපට පෙනී යනවා සසර සැරීමේ ආශාව යටපත් නොකළ, සසරෙහි දුක, සසරෙහි බිය නුදුටු පුද්ගලයින් බුදුන් වදාළ ධර්මයම විකෘති කොට දහම්

මගට යොමු වූ පුද්ගලයින්වත් සසර පුරාවට ඇවිද්දවන ආකාරය. තම අදහස සද්ධර්මයේ මුවාවෙන් ඉදිරිපත් කරමින් ශ්‍රාවක ජනතාව මුළා කිරීම නිසා මිනිසුන්ට දුක් දේ දුක් ලෙසත්, අනිත්‍ය දේ අනිත්‍ය ලෙසත්, අනාත්ම දේ අනාත්ම ලෙසත් දකගැනීමට නොහැකි වෙනවා. ඔවුන් සක්කාය දිට්ඨිය තුළම බැඳී භයංකර බන්ධනයට ම හසු වී ඉපිද මැරී පරලොව යනවා.

අපි වාසනාවන්තයි

මේ අවාසනාවන්ත තත්වය අපට නැහැ. අපි සද්ධර්මය ශ්‍රවණය කරනවා. බුදුන් වදාළ අදහසම තේරුම් ගෙන අවබෝධ කිරීමට නිරන්තරවම උත්සුක වෙනවා. බුදුරජාණන් වහන්සේගේ ධර්මයේ නාමයෙන් අපගේ අදහස් ධර්මය ලෙස ඉදිරිපත් කරන්නෙ නැහැ. පිරිසිදු සද්ධර්මයම සේවනය කරනවා. එසේ නම් අපට ඉතිරිව ඇත්තේ මේ ලැබුවා වූ සද්ධර්මය යෝනිසෝ මනසිකාරය තුළින් විමසමින් නිරන්තර පුහුණු කිරීමයි. සද්ධර්ම ශ්‍රවණය තුළින් ඇති කරගත් නිවැරදි දැනීමක් තුළින් තමන්ගේ චින්තනය ගැලපිය යුතුයි. යෝනිසෝ මනසිකාරයේ යෙදිය යුතුයි. එවිට කෙමෙන් කෙමෙන් ආර්ය මාර්ගයේ ඉදිරියට ගොස් දුකින් නිදහස් විය හැකියි. අන්න ඒ ආකාරයට සසර දුකින් නිදහස් වීමේ හැකියාව, සක්කාය දිට්ඨියෙන් නිදහස් වීමේ හැකියාව, චතුරාර්ය සත්‍යය පරිපූර්ණ වශයෙන් අවබෝධ කිරීමේ හැකියාව අප සියලු දෙනාටම අත්වේවා!

සාදු! සාදු!! සාදු!!!

නමෝ තස්ස භගවතෝ අරහතෝ සම්මාසම්බුද්ධස්ස
ඒ භාග්‍යවත් අරහත් සම්මා සම්බුදුරජාණන් වහන්සේට නමස්කාර වේවා!

03.
අත්ථිරාග සූත්‍රය
(ස.නි. 2 - අභිසමය සංයුත්තය - මහා වර්ගය)

ශ්‍රද්ධාවන්ත පින්වත්නි,

අත්ථිරාග සූත්‍රය තියෙන්නෙ සංයුත්ත නිකාය කියන පොතේ අභිසමය සංයුත්තය කියන කොටසේ. මේ සූත්‍රයෙන් බුදුරජාණන් වහන්සේ කියල දෙන්නේ මේ සංසාරෙ පැවැත්මට මූලික වුණු කාරණයක් ගැන. උන්වහන්සේ මෙන්න මෙහෙම වදාළා. "මහණෙනි, මේ ආහාර සතරකි. මේ ආහාර සතර ඉපදුණු සත්වයන්ට පවතින්න උපකාර කරනවා. ඊළඟට යළි යළිත් උපදින්න උපකාර කරනවා."

මේ ආහාර හතරෙන් මොකද කරන්නෙ?

- ඉපදුණු සත්වයන්ට පවතින්න උපකාර කරනවා.
- යළි යළිත් උපදින්න උපකාර කරනවා.

ආහාර කියන වචනේ තේරුම මොකක්ද?

ආහාරය කියන්නෙ පෝෂණය ලබාදෙනවා, වැඩෙන්න උපකාර කරනවා, පවතින්න උපකාර කරනවා කියන එකයි. ඉතින් බුදුරජාණන් වහන්සේ පෙන්නනවා, මේ සත්වයාට සංසාරෙ පෝෂණය වෙවී යන්න, (සංසාරය පෝෂණය වෙනවා කියන්නෙ, දුක පෝෂණය වෙන්න... දුක වැවෙන්න... දුක් හැදෙන්නට උපකාරී වන, යළි යළිත් භවයක් කරා උපතක් කරා ගෙන යන්නට හේතුවන) ප්‍රධාන දේවල් හතරක් තියෙනවා. ඒ හතර හොඳට මතක තියාගන්න ඕන. ආහාර වර්ග හතරයි. භෞතික ආහාර වර්ග එකයි. මානසික ආහාර වර්ග තුනයි. මේ ආහාර වර්ග තමයි මේ සංසාරෙ සත්වයාව භවයෙන් භවයට ගෙනියන්න උපකාරී වෙලා තියෙන්නෙ. අප තුළ ඔය ආහාර වර්ග හතර තිබුණු නිසයි, අපි මේ ඉපදිලා ඉන්නෙ. අපි යම්තාක් කල් උපදිනවාද, ඒ තාක් කල් උපදින්නේම මේ ආහාර හතර තිබෙන තුරු විතරයි. මේ ආහාර හතර නැතිවුණු දවසට උපදින්නෙ නෑ. මේ ආහාර හතරම ආසාව නැමති හේතුවෙන් අනුග්‍රහ ලබමින් තමයි තියෙන්නෙ. මොනවද ඒ ආහාර හතර?

කබලිංකාර ආහාර

ගොරෝසු හෝ සියුම් හෝ කබලිංකාර ආහාරය. ගොරෝසු කියන්නෙ අපි ගන්න ආහාර. සියුම් කියල කියන්නෙ දෙවියන් ආදී පිරිස් ගන්න ආහාර. ගොරෝසු හෝ සියුම් හෝ කබලිංකාර ආහාර. ඒවා තමයි අපි මේ ගන්න ගොරෝසු ආහාරය. ඒ ආහාරය අපේ පැවැත්මට අනුග්‍රහ කරල නැද්ද? ගොරෝසු ආහාර අපේ පැවැත්මට අනුග්‍රහ කරල තියෙනවා. එහෙනම් ඒ ආහාරයෙන් තමයි අපි පෝෂණය වෙවී ආවෙ මෙච්චර දුරට. ඒ එක ආහාරයක්. දැන් ඒක අපි කාටත් තේරෙන එකක්. ගොරෝසු

ආහාර. ඒ කියන්නේ කෑම බීම වලින් තමයි අපි පෝෂණය වෙලා තියෙන්නෙ. අපි වර්ධනය වෙලා තියෙන්නෙ. අපි පවතින්නෙ කෑම බීම වලින් ඒක තේරෙනවා නේද?

ස්පර්ශ ආහාරය

දෙවෙනි ආහාරය ස්පර්ශය. ස්පර්ශය කියන වචනෙ තේරුම මේ පින්වතුන් දන්නවා. ස්පර්ශය කියන්නෙ එකතුවීම. මොනවද එකතු වෙන්නෙ? ආධ්‍යාත්ම ආයතන හයයි. මොනවද අධ්‍යාත්ම ආයතන? ඇස, කන, නාසය, දිව, කය, සිත. ආධ්‍යාත්ම කියන වචනයේ තේරුම තමාගේ යන, තමාගේ යයි සලකන ආයතන හයක් තියෙනවා.... ඇස, කන, නාසය, දිව, ශරීරය, සිත කියල.

බාහිර ආයතන හයයි. බාහිර කිව්වේ, තමා ගෙන් පිට. බාහිර ආයතන හය කියල කිව්වෙ මොනවද? රූප, ශබ්ද, ගන්ධ, රස, ස්පර්ශ, අරමුණු. මේවා සිතත් සමඟ එකතුවීම තමයි ස්පර්ශය කියල කියන්නෙ. ඇසයි, රූපයයි, විඤ්ඤාණයයි එකතු වුණාම ස්පර්ශය. කනයි, ශබ්දයයි, විඤ්ඤාණයයි එකතු වුණාම ස්පර්ශය. නාසයයි, ගඳ-සුවඳයි, විඤ්ඤාණයයි එකතු වුණාම ස්පර්ශය. දිවයි, රසයයි, විඤ්ඤාණයයි එකතු වුණාම ස්පර්ශය. කයයි, පහසයි, විඤ්ඤාණයයි එකතු වුණාම ස්පර්ශය. මනසයි, අරමුණුයි, විඤ්ඤාණයයි එකතු වුණාම ස්පර්ශය.

මේවා හොඳට මතක තියාගන්න ඕන දේවල්. නැතිව අපට ධර්මය දකින්න බැහැ. ඒ ස්පර්ශය ආහාරයක්. එතකොට දැන් අපි පෝෂණය ලබන්නෙ කබලිංකාර ආහාර වලින් විතරද? නෑ.... තවත් ආහාරයකින් පෝෂණය ලබනවා. ඒ තමයි ස්පර්ශය නැමති ආහාරය..... ඔන්න දෙකයි.

මනෝසංචේතනා ආහාර

තුන්වෙනි ආහාරය මනෝසංචේතනාව. සංචේතනාව කියන්නෙ අරමුණක් එක්ක චේතනාව පැවතීම. චේතනාව පවතින්නෙ හැම තිස්සෙම අරමුණක් එක්ක. ඇසට ඉලක්ක වන අරමුණ මොකක්ද? රූපය. ඒ රූපයට අනුව චේතනාව ඇතිවෙන කොට කියනවා, රූප සංචේතනා කියලා. කනට ඉලක්ක වෙන අරමුණ මොකක්ද? ශබ්දය. ඒ ශබ්දයට අනුව චේතනාව ඇතිවෙන කොට කියනව ශබ්ද සංචේතනාව. නාසයට ඉලක්ක වන අරමුණ මොකක්ද? ගඳසුවඳ. ගඳසුවඳට අනුව චේතනා ඇතිවෙන කොට ගන්ධ සංචේතනාව. දිවට ඉලක්ක වෙන්නෙ මොනවද? රස. රසයට අනුව චේතනාව ඇතිවෙන කොට රස සංචේතනාව. කයට ඉලක්ක වෙන්නෙ මොනවද? පහස. ඒ පහසට අනුව චේතනාව ඇතිවෙන කොට පහස සංචේතනාව. හිතට ඉලක්ක වෙන්නෙ මොනවද? සිතුවිලි. ඒ සිතුවිලි චේතනාවකින් අල්ලගෙන ඉන්නවා පවත්වාගෙන. ඒක මොනවද? ධම්ම සංචේතනා. ඒකත් භව පැවැත්ම පෝෂණය වෙන එකක්. එතකොට ආහාර වර්ග කීයක් කතා කළා ද අපි? තුනයි.

විඤ්ඤාණ ආහාරය

හතර වෙනි එක විඤ්ඤාණ ආහාරය. විඤ්ඤාණය ඇසේ හටගන්නවා. විඤ්ඤාණය කනේ හටගන්නවා. විඤ්ඤාණය නාසයේ හටගන්නවා. විඤ්ඤාණය දිවේ හටගන්නවා. විඤ්ඤාණය කයේ හටගන්නවා. විඤ්ඤාණය මනසේ හටගන්නවා. මේ විඤ්ඤාණයත් සංසාර පැවැත්මට ආහාරයක්.

එතකොට මේ පැවැත්මට ආහාර වර්ග කීයක් තියෙනවද? හතරයි. දැන් ඒ හතර මතක තියාගෙන ඒවායින් පෝෂණය වෙන ආකාරය තමා තුළින් දකින්න ඕන. එතකොටයි මේකෙ බැරෑරුම්කම පේන්නෙ.

සසර පෝෂණය කරන ආහාර...

කබලිංකාර ආහාරයෙන් පෝෂණය වෙන එක හොයන්න ලේසියි. තේරුම් ගන්න පුලුවන්. කබලිංකාර ආහාරයෙනුත් අපට පේන්නෙ භෞතික ශරීරය පෝෂණය වෙනවා විතරයි. මානසික ශරීරය පෝෂණය වෙනවා පේනවද? නෑ. ස්පර්ශයෙන් මානසික ශරීරය පෝෂණය වෙනවා. මනෝ සංචේතනාවෙන් මානසික ශරීරය පෝෂණය වෙනවා. විඤ්ඤාණයෙන් මානසික ශරීරය පෝෂණය වෙනවා. බලන්න, මේ ලෝකයේ කාට නම් සොයා ගන්නද බුදුරජාණන් වහන්සේ සොයාගත්ත දේවල්. දැන් මේ පින්වතුන් බොහෝ දෙනෙක් දැනන් හිටියෙ නැහැ තමන්ගෙ ජීවිතය මේවයින් පෝෂණය වෙනවා කියල. ඔන්න බලන්න පෝෂණය වෙන හැටි.... "මහණෙනි, මේ කබලිංකාර ආහාරයට ඒ කියන්නෙ කෑම බීම වලට ඇල්ම ඇතිවිට, ඒ කියන්නෙ කෑම බීම වලට රාගය ඇති විට, කෑම බීම වලින් ආශ්වාදය ඇතිවෙන කොට, කෑම බීම වලට සිත බැඳී යන කොට, විඤ්ඤාණය එතන පිහිටා වැඩෙනවා. මොකද වෙන්නෙ?"

විඤ්ඤාණය එතන පිහිටල වැඩෙනවා. දැන් අපි බලමු... අපට ආහාරපාන කෙරෙහි ආශාවක් නැද්ද? තියෙනවා. ඒකෙන් අපි ආශ්වාදයක් විඳින්නෙ නැද්ද? විඳිනවා. ඒ කෙරේ අපේ සිත බැඳෙන්නෙ නැද්ද? බැඳෙනවා. එහෙනම්, සිත බැඳුණා කියන්නෙ මොකක්ද වෙලා

තියෙන්නෙ? විඤ්ඤාණය ඒකෙ පිහිටියා. බුදුරජාණන් වහන්සේ පෙන්නනවා, විඤ්ඤාණය ඒකෙ පිහිටි ගමන් විඤ්ඤාණය වැඩෙනවා. එතකොට ගහක් වැඩෙනවා වගේ විඤ්ඤාණයත් වැඩෙන එකක්. විඤ්ඤාණය වැඩෙන්න හේතු වෙන්නෙ මොකක්ද? ආහාරය කෙරෙහි ඇති රාගය, ආශ්වාදය, බැඳීම. විඤ්ඤාණය වැඩෙනවා. යම් තැනක විඤ්ඤාණය පිහිටා වැඩෙන්නේද, එතැන නාමරූපයන්ගේ බැසගැනීම වේ. දැන් අපි මේක මෙහෙම තේරුම් ගනිමු.

විඤ්ඤාණය වැඩෙන කොට නාමරූපවල බැසගන්නවා...

අපි කියමු රස සිහිකරනවා කියල. අපි කියමු ඇහැට පේනවා යම්කිසි රසවත් ආහාරයක්. මොකද වෙන්නෙ හිතට....? එතකොට ඒක ඇහෙන් දකින රූපයක්. ඒ රූපය දැකල වැඩෙන්නෙ මොනවද? රස තෘෂ්ණාව. එතකොට මොකක්ද අපට ඇතිවෙන්නෙ? ඒක ගන්න හිතෙනවා. ඒක අරගෙන ඇවිල්ල උයන්න හිතෙනවා. ඒක හදන්න හිතෙනවා. ඒක රස විඳින්න හිතෙනවා. විඤ්ඤාණය වැඩෙන කොට හිත බැසගන්නෙ නාමරූප තුළ. දැන් ඔන්න දකින කොට, අහන කොට, හිතන කොට කටට කෙළ එනවා. ඒ කියන්නෙ සතර මහා ධාතුන්ගේ ක්‍රියාකාරීත්වයට අහුවෙලා නේද? එතකොට අහුවෙලා ඉවරයි. එතකොට ස්පර්ශය තියෙනවා. එතන විඳීම. නාමරූප කියන එකට එතන කරුණු කීයක් තියෙනවද? නාමයට පහයි. රූපයට එකයි. හයයි. රූප කියන්නෙ හතර මහා ධාතුන්ගෙන් හැදුණු දේවල්.

මතක තියාගන්න ස්පර්ශය නාමයක්. වේදනාව විඳීම අරමුණ විඳීම නාමයක්. අරමුණ හඳුනාගැනීම නාමයක්.

ඊට අනුව චේතනා පැවැත්වීම නාමයක්. ඊට අනුව සිත පවත්වන්න පුලුවන්කම මනසිකාරය නාමයක්... හොඳට සිහියෙන් බලන්න ආහාර ගැන හිතන කොට ඔය ටික සිද්ධ වෙන්නෙ නැද්ද කියල....? සිද්ධ වෙනවා. සිතුවිල්ල ආව ගමන් ක්ෂණයකින් ඇස් පිල්ලම් ගහන්න කළින් ඔය ක්‍රියාකාරීත්වය සිද්ධ වෙනවා. එතකොට යම් තැනක නාම රූපයන්ගේ බැසගැනීමක් තියෙනවා නම් එතන විපාක පිණිස කර්ම සකස් වෙනවා. විපාක පිණිස යම් තැනක කර්ම සකස් වෙනවා නම් යළි යළි භවය සකස් වෙනවා. යළි යළි භවය සකස් වෙනවා නම් යළි යළිත් උපතක් සකස් වෙනවා. යළි යළිත් උපතක් සකස් වෙනවා නම් යළි යළිත් ජරාව සකස් වෙනවා. යළි යළිත් මරණය සකස් වෙනවා. යළි යළිත් සෝක කිරීම් සකස් වෙනවා. උපායාස සැකසෙනවා. පීඩාව සකස් වෙනවා. යම් තැනක ඉපදීමක් සකස් වුණොත් යළි යළිත් එයාට මුණගැහෙන්නෙ ජරාව, මරණය, සෝක, දුක් දොම්නස් තමයි. ඒ නිසා බුදුරජාණන් වහන්සේ වදාළා "මහණෙනි, යම් තැනක ජාති, ජරා, මරණ තියෙනව නම් එතන බොහෝම දුක් කරදර සහිත තැනක් ය" කියල.

ආහාරයක් ගෙන ගිය දුරක්...

එතකොට බලන්න... ගන්න ආහාර වේලෙන් පවා අපිව කොච්චර දුර ගෙනියනවද? මේ නිසා මේ ආහාරය ගැන හිතන්න ඕන පිළිවෙලක් බුදුරජාණන් වහන්සේ දේශනා කළා. මොකක්ද? මෙන්න මේ විදිහට හිතන්න කිව්වා. තේරුම් ගන්න කිව්වා මේක ලේසි එකක් නොවෙයි. සම්බුදු කෙනෙක් පහළ වෙන්න අවශ්‍යයි, මේ ක්‍රියාකාරීත්වය තේරුම් කර දෙන්න. උන්වහන්සේ වදාළා මෙහෙම....

අම්මා තාත්තා දෙන්න පුංචි දරුවත් අරගෙන කාන්තාරයකින් එතෙර වෙන්න ගියා. යද්දි කාන්තාරය මැද හරියෙදි අරන් ගිය කෑම බීම ඉවර වුණා. දැන් මේගොල්ලන්ට එක පැත්තකටවත් යන්න විදිහක් නෑ. කෑම බීම නෑ. අම්මා තාත්ත දෙන්න කතා වුණා දැන් අපි තුන්දෙනාටම කෑම බීම නෑ. තුන්දෙනාම මැරෙනවා මේකෙන්. අපි නොමැරී එතෙර වෙන්න මොකද කරන්නෙ? කල්පනා කළා. අපි දෙන්න එතෙර වුණොත්, අපට පුංචි දරුවෙක් පස්සෙ හදාගන්න පුළුවන්. අපි මේ දරුවා මරල කමු කියල. දැන් දරුවව මරන්න අම්මා තාත්තට දෙනවා. තාත්ත අම්මට දෙනවා. ඔහොම ඔහොම වෙලා අන්තිමේදි මේ දරුවා කෑම නැතිකමෙන්ම මැරුණා. කාන්තාරෙන් එතෙර වෙන්න තියෙන නිසා අම්මා තාත්ත දෙන්න කල්පනා කලා දැන් අපි මේ දරුවාගේ මස් වත් කකා මේ කන්තාරයෙන් එතෙර වෙමු කියලා. මේක බුදුරජාණන් වහන්සේ වදාළ උපමාවක්.

ආහාරය ගැන කල්පනා කළ යුත්තේත් මේ විදිහටයි...

දැන් ඒ අම්මා තාත්ත දෙන්න අර දරුවගෙ මස් කන්නෙ සතුටෙන්ද? අඬ අඬා 'අනේ මගේ පුතා...' කිය කියා. ඒ මස් කන්නෙ ඇඟ ලස්සන කරගන්නද? නෑ.... ඒ මස් කන්නෙ ක්‍රීඩා පිණිස පුහුණු වෙන්නද? නෑ.... ඒ මස් කන්නෙ අඩු තැන් පුරවා ගන්නද? නෑ.... කාන්තාරයෙන් එතෙරවීමට පමණයි... මේ ප්‍රශ්නයෙත්, ඒ කියන්නෙ ජීවිතය භව පැවැත්ම පිණිස හිරවෙලා තියෙන මේ භව ගමනෙන් නිදහස් වීම පිණිස, අන්න ඒ විදිහටයි ආහාරය ගැන කල්පනා කළ යුත්තේ. බුදුරජාණන් වහන්සේ පෙන්නල

දෙනවා. මේ භව ගමනෙන් නිදහස් වීම පිණිස අන්න ඒ විදිහටයි ආහාරය ගැනත් කල්පනා කල යුත්තේ කියල. අමාරු නමුත් පුළුවන්. අපි මූණදීල ඉන්නෙ සම්පූර්ණ කෙලෙස් වලින් හදපු සමාජයක. මොකද... බටහිර රටවල භෞතිකවාදී මානසිකත්වය මතම ඉන්ද්‍රියයන් පිනවන්නම දියුණු කරපු සමාජයක්. ඒ සමාජයේ කුණාටුවකට තමයි අපි මේ කවුරුත් අහුවෙලා ඉන්නෙ. ඒ නිසා මහපාරට බැහැල යනකොට හම්බ වෙන්නෙ මොනවද? 'කේටර්ස්' කියනවා 'චයිනීස් ෆුඩ්ස්' නොයෙක් නම් වලින් නොයෙක් දේවල් පේනවා. ඒ හැමතැනම අපේ තෘෂ්ණාව අවුස්සනවා මිසක් ඇත්ත පෙන්වන්නෙ නෑ. ඒ නිසයි බුදුරජාණන් වහන්සේ පෙන්නල දුන්නෙ... ආහාරය ගැන හිතන්න කියලා... මං මේ ආහාරය ගන්නෙ ජවය පිණිස නොවෙයි. මදය පිණිස නොවෙයි මං මේ ආහාරය ගන්නෙ ක්‍රීඩා පිණිස කය සකස් කරගන්න නොවෙයි. මං මේ ආහාරය ගන්නෙ මගේ මේ ජීවිතයේ සීලාදී ගුණධර්ම රැකගැනීම පිණිස, සමථ-විදර්ශනාවට උපකාර වීම පිණිසයි. මං මේ ආහාරය ගන්නෙ... කියල බොහොම මධ්‍යස්ථ කල්පනාවකින්, ආහාරය ඉලක්ක කොට සිතේ තණ්හාව පෝෂණය නොවෙන්නයි මේ ආහාරය ගන්න කියල තියෙන්නෙ.

ආහාරය පිළිබඳව තණ්හාව එනකොටම සතර මහා ධාතු වශයෙන් අනිත්‍යය වඩන්න පුරුදු වෙන්න ඕන. මොකද.. ආහාරයෙ ස්වභාවය තමයි ටිකක් කල් පවතිනවා.... කුණුවෙලා ජරාවට පත්වෙලා යන එක. ආහාරයට අයිති ධර්මතාවය වන ඒ ලක්ෂණය අපි නිතර හිතන්නට ඕන. එතකොට ආහාරයෙන් පෝෂණය වෙන එක වළකිනවා.

ආහාරයට තියෙන ඇල්ම අත්හරින්න...

මං මේ පුංචි කාලේ අහපු කතාවක්... එක මිණිබිරියක් ආච්චි කෙනෙකුට කිව්වා.... 'මම ලොකු වුණාම ආච්චිට රොටී පුච්චල, කරවල බැදල ගේන්නම්' කියලා. ආච්චි බොහොම වයසට ගියාට පස්සෙ මිණිබිරියගෙ අර කතාව නිතරම සිහි කරනවා. 'කෝ මට අර දුව ගෙනාවෙ නැනේ රොටී පුච්චල කරවල බැදල...?' මොකක්ද මේ ආච්චිගේ හිතේ වැඩෙන්නෙ....? තණ්හාව. ඔන්න කර්ම හැදෙන තාලෙ. මං හිතන්නෙ මිණිබිරීට දෙන්න බැරිවුණා ඒක. මොකද වෙන්නෙ ඒ තෘෂ්ණාවෙන් ආච්චිට මැරෙන්න වුණොත්....? ඒ හිතේ හටගන්න කර්ම එයාව කොහේට ගෙනියයිද? අන්න ඒ නිසා අපි පුරුදු වෙන්න ඕන, මේ දුකින් මිදෙන්න ඕන නම්. බඩගින්නෙ නම් මැරෙන්න සිද්ධ වෙන්නෙ බඩගින්නෙ මැරෙන්න සූදානම් වීම තමයි ඥානවන්ත වැඩේ. පිපාසයෙන් නම් මැරෙන්න සිද්ධ වෙන්නෙ, ඒ පිපාසයට මුහුණ දීල තමයි මැරෙන්න සූදානම් විය යුත්තේ. 'අනේ මට කවුරු හරි කන්න ටිකක් පිපාසයට වතුර ටිකක් ගෙනත් දෙයිද' කියල හිතුවොත් මොකක්ද වැඩෙන්නෙ? ඒ පිළිබඳ අපේක්ෂාවත් එක්ක තණ්හාව නෙවෙයිද? අපි දන්නෙ නෑ අපට මොන විදිහට ජීවිතයේ අවසානය ගෙවන්න සිද්ධ වෙයිද කියල... අපට හැම වෙලාවෙම තියෙන්නෙ ඒ ඕනම දේකට මුහුණ දෙන විදිහට ඒ කල්පනාව පළල් කරගැනීම පමණයි. ඒක අපි කළේ නැත්නම් අපට මේකෙන් ජය ගන්න ලේසි නෑ. අපි හිතමු අපි කැමති නැති ආහාර, කටුක ආහාර අපට දෙන්න කියල නියම කරනවා. සමහරවිට දරුවො අපට ලුණු නැති, ඇඹුල් නැති, මිරිස් නැති කෑම දෙනවා. දවසක් දෙකක් ඉවසගෙන කනවා. තුන්වෙනි දවසෙ මොකද

වෙන්නෙ? කෑම දකින කොටම ද්වේෂය ආවද.... ඉවරයි.... අපි පරදිනවා. ඒ වෙනකොට අපි තෘෂ්ණාව පිළිබඳව, ඒ ආහාරය කෙරෙහි තේරුම් අරගෙන නම් ඉන්නෙ අපට පුළුවන් ඒ ප්‍රශ්නය හිතේ සකස් වෙන්න නොදී ඒකට මුහුණ දෙන්න.

නිස්සරණ ප්‍රඥාව ඇතිකරගනිමු...

මේ සතර මහා ධාතූන්ට අපි අහුවෙලා තියෙන අහුවිල්ල හොඳට තේරෙනවා, මේ ආහාර ප්‍රශ්නය ගැන අපි නුවණින් තේරුම් ගත්තහම. මේකෙදී තේරුම් ගන්න එකක් තියෙනවා. මේ ආහාරය අනුභව කරන්න ඕන නිස්සරණ ප්‍රඥාවෙන්. හොඳ වචනයක්.... නිස්සරණ ප්‍රඥාව කියල කියන්නෙ 'මේවා කෙරෙහි ඇල්ම මං අත්හැරිය යුතුයි...' කියන මතයේ හිඳගෙනයි ආහාරයේ රස විඳිය යුත්තේ. එතකොට මොකද වෙන්නෙ? තමන්ගෙ කල්පනාව පළල් වෙනවා.

අපි කියමු... ගෙවල් දොරවල්වල ඉන්නකොට කෑම හදන්න වෙනවා. අවුරුදු කාලෙ පුංචි ළමයි, නෑදෑයො රසට කන්න කැමති කාලෙ. ඒ කාලෙට කෑම බීම හදද්දී ඒව රස විඳිද්දි හිතෙන් හිතන්න ඕන මේව කෙරෙහි ඇල්ම මම අත්අරින්න ඕන කියලා. ඒක තමයි නිස්සරණ ප්‍රඥාව. එතකොට ඒ සිත ඒකෙ වසඟ වෙන්නෙ නෑ. ඒක ආහාරයක් හැටියට සිත ඇතුලෙ වර්ධනය වුණොත් යළි යළි ඇතිවෙන්නෙ උපතක්මයි. ඇයි ඒකනෙ ඉල්ලන්නෙ. කර්මය විසින් හදනවා.

ස්පර්ශය ගැන දැනගනිමු...

දෙවෙනි ආහාරය ස්පර්ශය. ස්පර්ශය කියන වචනය මේ පින්වතුන් තේරුම් ගන්න. ආධ්‍යාත්ම ආයතන, බාහිර

ආයතනත් සමඟ හිත හා එකතුවීම.

- ඇහෙන් රූප බලනවා කියන්නෙ, ඇසයි, රූපයි, විඤ්ඤාණයයි එකතු වීම.
- කනෙන් ශබ්ද අහනවා කියන්නේ කනයි, ශබ්දයයි, විඤ්ඤාණයයි එකතු වෙනවා.
- නාසයෙන් ගඳසුවඳ දැනගන්නවා කියන්නෙ, නාසයයි ගඳ-සුවඳයි විඤ්ඤාණයයි එකතු වෙනවා.
- දිවට රස දැනෙනවා කියන්නෙ දිවයි, රසයයි, විඤ්ඤාණයයි එකතු වෙනවා.
- කයට පහස දැනෙනවා කියන්නෙ කයයි, පහසයි, විඤ්ඤාණයයි එකතු වෙනවා.
- සිතට සිතුණා කියන්නෙ සිතයි, අරමුණයි, විඤ්ඤාණයයි එකතු වෙනවා.

පණ තියෙන එළදෙනක් හම ගැහුවා වගේ...

මේකෙන් අපට මිදෙන්න තියෙන්නෙ මේ පිළිබඳ තණ්හාව ප්‍රහාණය කිරීමෙන් මිසක් වෙන කිසිම ක්‍රමයකට මිදෙන්න බෑ. ඒ නිසයි බුදුරජාණන් වහන්සේ උපමා කළේ මේ ස්පර්ශය, පණ තියෙන හරකෙක් හම ගැහුවා වගේ කියල. පණ තියෙන හරකෙක් හම ගහල මේ හරකාව අතාරිනවා. මොකද වෙන්නෙ හරකට...? බේරෙන්න දුවනවා. දුවල ගිහින් වතුරකට පනිනවා. වතුරෙ ඉන්න සතුන් මුළු ඇඟ පුරාවටම ගොඩවෙල කනවා. එහෙනම් එයාට වතුරට බැහැල බේරෙන්න බැහැ. දුවගෙන ගිහින් වතුරෙන් ගොඩවෙලා ගහකට හේත්තු වුණා කියමු. ගහේ ඉන්න සත්තු කනවා. එළිමහනෙ ගිහින් ඉන්නවා කියමු. එළිමහනෙ ඉගිලෙන සත්තු මෙයාව කනවා. පැනල යන්න

බෑ. අරමුණු ස්පර්ශයෙන් පැනල යන්න බෑ. අවබෝධ කරනවා මිසක් පැනල යන්න බෑ. දැන් මේ පින්වතුන් තේරුම් ගන්න ඕන.

බේරෙන්න පුළුවන් වෙන්නේ තණ්හාව ප්‍රහාණය කළොත් විතරයි...

එහෙම නම් සමහරු හිතයි බණ භාවනා කරනවා කිව්වාම ජීවිතෙන් පැනල යනවා කියල. ජීවිතෙන් මනුෂ්‍යයෙකුට කවදාවත් පැනල යන්න බෑ. මොකද මේ ඇස, කන, නාසය, දිව, ශරීරය, සිත තියාගෙන මේ ලෝක ධාතුවේ කොහෙවත්ම නැහැ පැනල යන්න තැනක්. තණ්හාව ප්‍රහාණය කළොත් විතරයි පැනල යන්න පුළුවන්. අරමුණු නොවින්දොත් ඒ වෙලාවට විතරක් එයා හැංගිලා හිටියා. හැංගුණාට ආයෙ අරමුණක් එනකොටම අහුවෙනවා. එයා තණ්හාව ප්‍රහාණය කළොත් අත්හැරල එයි. අනෙත් සෑම වෙලාවෙම එයා ඒ තුළ ඉන්නවා.

හැම අරමුණින් ම හිත වැළැක්විය යුතුද?

එක දෙව් කෙනෙක් ඇවිල්ල බුදුරජාණන් වහන්සේට කිව්වා, මෙහෙම අරමුණකින් හිත වැළැක්වුවොත්, ඒ කියන්නෙ හිතට ඒ අරමුණ එන්න නොදී හිටියොත් ඒ නිසා තියෙන දුක නැතිව යනවද? සියලු අරමුණු වලින් හිත වැළැක්වුවොත් එයාට සියලු දුක් නැතිවෙලා යනවා නේද කියල. බුදුරජාණන් වහන්සේ වදාළා ඒක වැරදියි. ඒක එහෙම නෙවෙයි කිව්වා. සියලු අරමුණු වලින් සිත වලක්වන්නෙ නෑ කිව්වා. යම් අරමුණකින් අකුසලයක් ඇතිවෙනවාද.... අන්න ඒ අරමුණු වැළැක්විය යුතුයි. යම් අරමුණකින් කුසල් වැඩෙනවාද, ඒ අරමුණෙහි හිත පිහිටුවා

ගත යුතුයි. සියලු අරමුණු වලින් වැළැක්වීම බුදු දහම නෙවෙයි. එහෙනම් රාග ද්වේෂ මෝහ එන අරමුණු වලින් හිත වළක්වලා, සමථ විදර්ශනා වැඩෙන අරමුණුවලට සිත යොදවන්න ඕන. නිවන කියල කියන්නෙ අරමුණු නොදැනී යාම නෙවෙයි. නිවන කියල කියන්නෙ විමුක්තිය. නිදහස් වීම. මොකෙන්ද නිදහස් වෙන්නෙ? තණ්හාවෙන්. ලෝභ, ද්වේෂ, මෝහ තුනෙන්. ඒ තුන නිසා හැදෙන කර්මයෙන් නිදහස් වීම තමයි නිවන කියන්නෙ. අරමුණු නොදැනී යාම නිවන නෙවෙයි. ඒක හිතේ ඇතිවෙන තාවකාලික සමාධියක් පමණයි.

ස්පර්ශ ආහාරය තිබුණොත්...

ඉතින් මේ ස්පර්ශය ගැන බුදුරජාණන් වහන්සේ වදාළ මෙහෙම... "මහණෙනි, මේ ස්පර්ශය නැමති ආහාරය ගැන (ඒ කියන්නෙ ඒක පෝෂණය වෙනවා හිතේ) රාගය තියෙනවා නම් හිතේ...., හිතේ ස්පර්ශය කෙරෙහි ආශ්වාදයක් තියෙනවා නම්, ඒ ස්පර්ශයට හිත බැඳී යනවා නම්, එතන විඤ්ඤාණය පිහිටනවා. එතන විඤ්ඤාණය වැඩෙනවා. යම් තැනක විඤ්ඤාණය පිහිටල වැඩෙනවා නම් එතන නාමරූප. ඒ නාමරූපයේ සිත බැසගන්නවා. ඒ කියන්නෙ වේදනා, සංඥා, චේතනා, ඵස්ස, මනසිකාර, සතර මහා ධාතු.... ඔච්චරයි තියෙන්නෙ. ඔය ටිකේම සිත පිහිටනවා. එතකොට කර්ම සකස් වෙනවා. කර්ම හැදෙනවා කියන්නෙ විපාක හැදෙනවා කියන එක. විපාක දෙන්න නම් මොකක්ද හැදෙන්නෙ? භවයක් හැදෙනවා. භවයක් හැදුණා කියන්නෙ උපතක් හැදෙනවා. උපතක් හැදුණා නම් ආයිමත් ජරා, මරණවලට තමයි මුහුණ දෙන්න තියෙන්නෙ වෙන මුකුත් නෑ ඉපදුණු කෙනෙකුට. ඒ විදිහට ජරා, මරණවලට මූණදෙන්න සිද්ධ වුණොත්

ආයිම ආයිම... ඒක බොහොම දුක් සහිත ඉරණමක් කියල බුදුරජාණන් වහන්සේ පෙන්නල දුන්නා.

චේතනාවත් ආහාරයක්...

ඊළඟ එක මනෝ සංචේතනා ආහාරයයි. හොඳ සිහියෙන් හිත දිහා බලන්න පුරුදු වුණු එක්කෙනාට ඒ හිත, අරමුණු ඔස්සේ චේතනාව පවත්වන හැටි දැකගන්න පුලුවන් එතකොට තමයි තේරෙන්නෙ මේක හැදි හැදී යන එකක් නේද කියල. මේක හැදි හැදී යන එකක්. මේ එකක්වත් ආත්මයක් තියෙන ස්ථිර දේවල් නෙවෙයි. කබලිංකාර ආහාරයෙන් පෝෂණය වෙන එක ස්ථිර දෙයක් නෙවෙයි. ආහාර නැතිවුණ දාට ඉවරයි. ස්පර්ශය ආහාරයක් හැටියට පෝෂණය වෙන්නෙ නෑ, ස්පර්ශ ආහාර නැති දවසට. ආහාරයක් වෙන්නෙ තණ්හාව නිසා. කබලිංකාර ආහාරය ආහාරයක් වෙලා තියෙන්නෙ තණ්හාව නිසා. මනෝ සංචේතනා ආහාරත් එහෙමයි. දැන් චේතනාව කියන්නෙ තනිකරම කර්මය.

උන්වහන්සේ ඒකට උපමා කළා මෙහෙම. චේතනාව හටගැනීම පිළිබඳ මෙහෙම අවබෝධයක් ඇති කරගන්න කියල. ගිනි අඟුරු පිරුණු, රතුපාට ගිනි දැල් තියෙන ගිනි අඟුරු වළක් තියෙනවා. සැපසේ ජීවත් වෙන්න කැමති කෙනෙක් අත් දෙකෙන් දෙන්නයි කකුල් දෙකෙන් දෙන්නයි අල්ලගෙන මේ ගිනි අඟුරු වළට දාන්න යනවා නම් එයා සද්ද නැතිව ඉදීද? එයා පුළුවන් තරම් දඟලනවා ගිනි අඟුරු වලේ නොවැටී බේරෙන්න. අන්න ඒ වගේ තමයි මේ චේතනාව ගැන කල්පනා කළ යුත්තේ කියල පෙන්නුවා. ඒ කිව්වෙ අකුසල චේතනා වර්ධනය වෙන්න නොදී ඇත්ත දැකල, නිස්සාරබව දැකල,

ඒක බැහැර කරන්නම ඕන. මේ චේතනාව කෙරෙහි තියෙන තණ්හාව තියෙන තුරු, ආසාව තියෙන තුරු, ඒ චේතනාත්මකව ආශ්වාදය විඳින තුරු විඤ්ඤාණය වැඩෙනවා. විඤ්ඤාණය වැඩෙන තාක් නාමරූප වැඩෙනවා. නාමරූප වැඩෙන කොට යළි යළි භවය පිණිස කර්ම සකස් වෙනවා. භවය හැදුණා කියන්නෙ ආයෙත් උපදිනවා. ආයෙ උපතක් ලැබුණා කියන්නෙ, ආයෙ ජරා මරණ, ශෝක වැළපීම්, භය, පසුතැවිලි.... මේවා තමයි. ඒ නිසා ඒ ආහාරයත් මේ සංසාර පැවැත්ම පිණිසම හේතුවෙලා තියෙනවා. ඔය ආහාර අප තුළ නැද්ද? ඔය ආහාර තුනම තියෙනවා.

සසරට යොමුවුණු විඤ්ඤාණ ආහාරය...

ඊළඟට හතරවෙනි ආහාරය විඤ්ඤාණ ආහාරය. විඤ්ඤාණ ආහාර කියල කියන්නෙ සිතම සිතට ආහාරයක් වශයෙන් පවතිනවා. සිතම පවතිනවා සිතට ආහාරයක් වශයෙන්. ඉතින් ස්පර්ශය, ඔය වේදනා ඕව ඔක්කොම 'මම' කියල පිළිගත්තාම කොහොම මේ ආහාර හැදෙයිද? විඤ්ඤාණය ආහාරයක් විදිහට වර්ධනය වෙන්නෙ තැන් හයක් ඔස්සේ. මොනවද ඒ තැන් හය? ඇස, කන, නාසය, දිව, කය, සිත. ඇසේ හටගන්නවා චක්ඛු විඤ්ඤාණය. කනේ හටගන්නේ සෝත විඤ්ඤාණය. නාසයේ හටගන්නේ ඝාන විඤ්ඤාණය. දිවේ හටගන්නේ ජිව්හා විඤ්ඤාණය. කයේ හටගන්නේ කාය විඤ්ඤාණය. සිතේ හටගන්නේ මනෝ විඤ්ඤාණය.

අපි මේක සිංහලෙන් කිව්වොත් ඇහේ හිත හටගන්නවා. කනේ හිත හටගන්නවා. නාසයේ හිත හටගන්නවා. දිවේ හිත හටගන්නවා. කයේ සිත

හටගන්නවා. සිතේ සිත හටගන්නවා. අමාරුවෙන් නමුත් අපි මේවා මතක තියාගන්න ඕන. සාමාන්‍යයෙන් අපේ මතකයේ තියෙන්නේ ඒව නෙවෙයිනේ. අළුත් ඇඳුම් මෝස්තර, අවුරුද්දට හදන කෑම බීම වට්ටෝරුව, නෑදෑ ගමන් නේද? ඒ වගේම අපේ හිත් තුළ මේ ධර්මයත් තියාගන්න ඕන. මොකද අරක එකපාරටම අතීතයට යනවා. එතකොට ඒක ඉවරයි. ධර්මය අතීතයට යන්නෙ නැහැ. අකාලිකයි. ධර්මය හැම තිස්සෙම තියෙනවා. අනිත් සියලු දේ අතීතය කරා යනවා. ධර්මය නිවන කරා තමාව ගෙනියනවා.

විඤ්ඤාණය දිහා මේ විදිහට බලන්න...

මේවා මතක හිටිනවා ටී.වී. බලන්නෙ නැත්නම්. ඒව බලන කොට මොකක්ද වෙන්නෙ? සතර ආහාරයම වැඩෙනවා. මොකද, ඒ ඔක්කොම වින්දනය අරමුණු කරගෙන ම යි හදල තියෙන්නෙ. එක්කො රාගය, එක්කො ද්වේෂය නැත්නම් මෝහය. ඒ නිසා බුදුරජාණන් වහන්සේ පෙන්නනවා මේ විඤ්ඤාණය හටගැනීම ගැන උපමාවක්. බලන්න, හිත දියුණු කරන කෙනෙක් කොච්චර පළල්ව හිතන්න ඕනද?

උන්වහන්සේගෙ උපමාව තමයි, හොරෙක්ව අල්ලගෙන රජ්ජුරුවො ගාවට ගේනවා. රජ්ජුරුවන්ගෙන් ඉල්ලනවා 'දේවයන් වහන්ස, කැමති දඬුවමක් දෙන්න.' 'එහෙනම් මේ උදේ වෙලාවේ යකඩ උල්පහර සීයක් අනින්න.' සීයක් ඇන්නා. රජ්ජුරුවන්ට දවල් හොරා ගැන මතක්වුණා. 'අර හොරා ඉන්නවද? මැරුණෙ නැද්ද? එහෙනම් ආයෙත් උල්පහර සීයක් අනින්න.' සීයක් ඇන්නා. හවසත් රජ්ජුරුවො ආව. 'හොරා ඉන්නවද? පණ

තියෙනවද?' 'දේවයන් වහන්ස, මැරුණෙ නෑ.' 'එහෙනම් තව උල්පහර සීයක් අනින්න.' උල්පහර තුන්සීයකින් පහර කන හොරෙකුගේ යම් වේදනාවක් ඇද්ද, අපේ විඤ්ඤාණයේ ක්‍රියාකාරීත්වයත් අන්න ඒ විදිහට බලන්න ඕන කියල කිව්වා.

ජීවිතය අවබෝධ කරගනිමු...

එතකොට බලන්න කොච්චර පළල් කල්පනාවක් මේ ජීවිතය ගැන තිබිය යුතුද කියල? අපි මොකුත් නොතේරෙන ගමනක් තමයි මේ ආවේ. අපි ඉපදුණේ යම් මෝඩකමකින්ද, අපට කෙලෙස් හදල දුන්නෙ ඒ මෝඩකම. අපේ හිතෙන් කෙලෙස් නැති කරගෙන මැරෙන්න පුළුවන් වුණොත්, අපට සදහටම කෙලෙස් හැදෙන්නෙ නෑ. දූන් අපි පුංචි කාලේ හිතුවෙ නෑ මේ ගතකරන ජීවිතය ලැබෙයි කියල. මේ අය කඳුළු හළන කොට, හඬා වැළපෙන කොට හීනෙකින් වත් හිතුවේ නැතිව ඇති, මේ හිත මේ විදිහෙ තත්වයකට තමාව ගෙනයයි කියලා. මේ ජීවිතයේ ඉෂ්ට කරගන්න බැරි දේවල් හිත හිතා දුක්වෙන කොට, මේ හිත... මේ වගේ දේවල් හදල තමා දුකට පත්කරල දායි කියල. දූන් මේ තැන ඉන්න කව්ද හිතුවෙ? කවුරුත් හිතල නැහැ. ඒ නිසයි බුදුරජාණන් වහන්සේ වදාළේ බොහෝවිට සිද්ධ වෙන්නෙ හිතන දේ නොවෙයි, නොහිතන දේවල් කියලා. ඒ නිසා මේ ස්වභාවය අවබෝධ කරගන්න කම්පා නොවන හිතක් තමයි මේ පින්වතුන්ට ලැබෙන්නෙ. අපි හඬා වැළපුණා කියන්නෙ කම්පා වෙනවා කියන එකයි. ශෝක කර කර සුසුම් හෙළනවා කියන්නෙ කම්පා වෙනවා කියන එක. අපි තැතිගන්නවා කියන්නෙ කම්පා වෙනවා කියන එක. කම්පා වෙනවා කියන්නෙ, අපි ඇත්ත දන්නෙ නෑ කියන එක. එහෙනම් අපි මේ ඇත්ත ක්‍රියාකාරීත්වය,

මේ ජීවිතය ගැන තේරුම් ගත්ත දවසට අපි අපේ ජීවිතය තේරුම් ගන්නවා.

බිත්තියක ඇන්ද චිත්‍රයක් වගේ...

මේ ආහාර හතරෙන් මේ පැවැත්ම සකස් වීම ගැන බොහොම ලස්සන උපමාවක් තියෙනවා. මේ ආහාර හතරෙන් පෝෂණය ලැබිල, ආයෙ උපතක් කරා සත්වයෙක් සකස්වීම, හරියට මටසිලිටු බිත්තියක, මට සිලිටු රෙදි කැබැල්ලක ලස්සන පාට වර්ග එකතු කරල කලාකාරයෙක් චිත්‍රයක් ඇන්ද වගේ ය කියලා. කලාකාරයෙක් ලස්සන පාට යොදල මටසිලිටු තලයක ස්ත්‍රී හෝ පුරුෂ රූපයක් අඳිනවා. ඇන්දම අපට පේනවා ඒක ඇත්ත වගේ. අපේ හිත ඒකට බැඳෙනවා ලස්සනයි කියල. නමුත් ඒක චිත්‍රයක්. අන්න ඒ වගේ කියනවා මේ ආහාර හතරට ඇතිවුණු තණ්හාව නිසා හදල දෙන්නෙ. එහෙනම් දැන් අපි ඔක්කොටම ලැබිල තියෙන්නෙ ඒ චිත්‍රය. අපි ඔක්කොටම ලැබිල තියෙන්නෙ චිත්‍ර ගොඩක්. මට එක චිත්‍රයක්, මේ පින්වතුන්ට තව තව චිත්‍ර. කවුද මේ චිත්‍රය දුන්නෙ? දෙවියන් වහන්සේද? නෑ. මේක දුන්නෙ තමන් ද? නෑ. මේ චිත්‍රය ඉබේද හටගත්තෙ නෑ. කවුද දුන්නෙ? මේ චිත්‍රය දුන්නෙ මේ ආහාර හතර විසින්. ඔය ආහාර හතරෙන් තමයි අප නිර්මාණය වෙලා තියෙන්නෙ. මේ ලෝකයේ සියලු සත්වයන්, නිරයේ ඉන්න නිරිසත්තු, ප්‍රේත ලෝකයේ ප්‍රේතයන්, තිරිසන් ලෝකයේ සත්වයන් මේ ආහාර හතරෙන් හදාපු චිත්‍ර. දිව්‍යලෝකයේ දෙවිවරු, බ්‍රහ්ම ලෝකයේ බ්‍රහ්මයන් මේ ආහාර හතරෙන් හදාපු චිත්‍ර. යළි යළි මේ චිත්‍රය නොහදන්න නම් මේ ආහාර හතර ගැන තියෙන තණ්හාව නැත්තටම නැති කරන්න ඕන.

විද්‍යාව පහළ කරගනිමු...

මෙතන ගැඹුරට හිතන පිරිසක් ඉන්නේ. ඇහුවොත් ඊළඟ ජීවිතේ උපදින්නට කැමතිද? කියල හැමෝම කියයි නෑ, එපා කියල. එපා කිව්වට හරි යයිද? නෑ.... මොකක්ද හේතුව? හේතුවක් නිසා හටගත්තු ඵලයක් තියෙන්නෙ. එහෙනම් නැති කරන්න ඕන මොකක්ද? හේතුවයි නැති කරන්න ඕන. හේතුව නැති කළාම අවශ්‍ය වුණත්, නැතිවුණත් ඉබේම ඵලය නැතිවෙනවා. ඒ පිළිබඳ ඇත්ත තත්ත්වය අවබෝධ කිරීම මයි නිවන් දකිනවා කියන්නෙ.

අප පතන නිවන හැටියට ලැබෙන්නෙ විද්‍යාවත්, විමුක්තියත්. දූන් තියෙන්නෙ අවිද්‍යාවත්, තණ්හාවත් කියන දෙක. අවිද්‍යාව වෙනුවට විද්‍යාව, තණ්හාව වෙනුවට විමුක්තිය. ඔය දෙක තමයි නිවන කියන්නෙ. තණ්හාව කියන්නෙ බැඳීම. බැඳීම වෙනුවට නිදහස. අඳුර වෙනුවට ආලෝකය. ඕක තමයි නිවන කියන්නෙ. ඔය දෙක අපේ සිත තුළ අපට ස්පර්ශ කරන්න පුළුවන් නම් ජීවිතේ උත්තරීතර සැපත. ඒක ඉලක්ක කරගෙන තමයි අපි මේ තෙරුවන් සරණ යන්නෙ. එක්කො මේ ජීවිතයෙ, නැත්නම් ඊළඟ ජීවිතයෙ, හැකි ඉක්මනට විද්‍යාව පහළ කරගෙන විමුක්තියට පත්වුණාට පස්සෙ ඉවරයි.

ශෝක රහිත ජීවිතයක්...

ඒක ප්‍රාර්ථනාවෙන් කරන්න බෑ. බුදුරජාණන් වහන්සෙ පෙන්නනවා "මහණෙනි, මේ ආහාර හතර ගැන රාගයක් නැත්නම්, ආශ්වාදයක් නැත්නම්, ඒ කෙරෙහි හිත බැඳීමක් නැත්නම්, විඤ්ඤාණය පිහිටන්නෙ නැහැ. විඤ්ඤාණය එතන පිහිටන්නෙ නැත්නම් නාමරූපයන්ගේ බැසගැනීමක් නෑ. නාමරූපයන්ගේ බැසගැනීමක් නැත්නම්

කර්ම සකස් වෙන්නෙ නෑ. කර්ම සකස් වීමක් නැත්නම් විපාක පිණිස භවයක් සකස් වෙන්නෙ නෑ. භවයක් නැත්නම් යළි ඉපදීමක් නෑ. ඉපදීමක් නැත්නම් ජරා, මරණ, ශෝක, පරිදේව, දුක්, දොම්නස් නෑ. ඒක තමයි ශෝක රහිත ජීවිතය" කියලා බුදුරජාණන් වහන්සේ වදාළා.

ආශාව නැත්නම් පිහිටන්න තැනක් නෑ...

උන්වහන්සේ උපමාවක් පෙන්නනවා. ගෙයක ජනේලයක් තියෙනවා. හිරු පායද්දි ඔය ජනේලයෙන් ඇතුළට එන හිරු රැස් කොහාටද වැටෙන්නෙ? අනෙක් බිත්තියට. බිත්තියක් නැත්නම් පොළොවට. පොළොවක් නැත්නම් වතුරට. වතුරත් නැත්නම් වැටෙන්න තැනක් නෑ. මොනව හරි සකස් වුණු දෙයක් ඕන පිහිටන්න. සකස් වුණු දෙයක් නැත්නම් පිහිටන්නෙ නෑ. අන්න ඒ වගෙයි මේ ආහාර හතර. ඒ කෙරෙහි රාගයක්, ඇල්මක් නැත්නම් පිහිටන්නෙ නෑ. ඔය ප්‍රශ්නය ඉවර කරගන්න බැරිව තමයි මේ දුර ආවෙ. මේක බොහොම තේරුම් ගැනීමකින් අවබෝධයකින් යන්න තියෙන ගමනක්. අපි මේව දන්නෙ නැතිව කොහොමද නිදහස් වෙන්නෙ? අපි මේව දැනගෙන ගැඹුරට කල්පනාව පළල් කරගන්න ඕන. ඒක බුද්ධිමත් ඕනම කෙනෙකුට කරන්න පුළුවන් දෙයක්. වයසට යනකම් හිටියොත්.....? අපි දන්නෙ නෑ අපි කවද මැරෙයිද කියල. ජීවිතයේ බොහොම සැලසුම් ගහල තියෙද්දි තමයි නොසිතූ මරණ ගැන මේ කාලෙ අහන්නෙ. ඒ නිසා අපි දන්නෙ නෑ අපේ ඉරණම කොතෙන්ට සකස් වෙයි ද කියල. "මා නොදැනුවත්වයි මේක වුණේ.....! අනේ කර්මය, මට මේක පලදෙන්න එපා!" කියල හිතල නවත්වන්න පුළුවන්ද? බෑ. එහෙනම් අපි මේ භව පැවැත්ම අත්හරින්න ඕන, ඒක සකස් නොවෙන විදිහට හිත හදාගෙන. ඒ හිත හදා

ගන්න තමයි අපි අර භාවනාව කරන්නෙ, 'අනිත්‍යයි. මම නොවෙයි. මගේ නෙවෙයි, මගේ ආත්මය නෙවෙයි' කියල පුරුදු කරන්නෙ. එහෙම නම් තව තවත් කල් නොදා අදම නිවැරදි මාවතට එන්න උත්සාහ ගන්න.

සාදු! සාදු!! සාදු!!!

නමෝ තස්ස භගවතෝ අරහතෝ සම්මාසම්බුද්ධස්ස
ඒ භාග්‍යවත් අරහත් සම්මා සම්බුදුරජාණන් වහන්සේට නමස්කාර වේවා!

04.
විශාඛා උපෝසථ සූත්‍රය
(අංගුත්තර නිකාය - අට්ඨක නිපාතය)

ශ්‍රද්ධාවන්ත පින්වත්නි,

සැවැත්නුවර පූර්වාරාමයේ විශාඛාව කරවපු විහාරයේ තමයි බුදුරජාණන් වහන්සේ වැඩසිටියේ.

එදා උපෝසථ දවසක්. ඒ කියන්නේ පොහොය දවසක්. පොහොය දවසේ විශාඛාව පූර්වාරාමයට ඇවිත් බුදුරජාණන් වහන්සේට වන්දනා කරල එකත්පසව සිටියා. මේ දවල් වෙලාවක්. එහෙමනම් ඒ කාලේ පොහොය වැඩසටහන් තිබිල නැහැ. ඒ කියන්නේ එච්චරටම ධර්මය දියුණු කාලයක් වෙලත්, පෝය දවසට ගෙවල්වල ඉඳගෙන ඒගොල්ලො උපෝසථයේ යෙදෙනවා.

ඉතින් විශාඛාවගෙන් බුදුරජාණන් වහන්සේ අහනවා.

"විශාඛා මොකද මේ .... දවල් කාලේ කොහේ යන ගමන්ද?"

"**(උපෝසථාහං භන්තේ අජ්ජ උපවසාමි)** ස්වාමීනී, අද පෝය දවසනේ.... අද මම උපවාස කරනවා" කියල විශාඛාව කියනවා.

එතකොට විශාඛාව එදා පෝය දවසට මොකද කරන්නෙ? උපවාස කරනවා. උපවාස කරනවා කියන්නේ රාත්‍රී ආහාර ගන්නෙ නැති දවස. විකාල භෝජනයෙන් වැළකුණු දවස. බුදුරජාණන් වහන්සේ විස්තර කරනවා.

විශාඛාව, උපෝසථ තුනක් තියෙනවා.

1. **ගෝපාලක උපෝසථය**

   (ගොපල්ලන්ගේ උපෝසථය)

2. **නිගණ්ඨ උපෝසථය**

   (නිගණ්ඨයන්ගේ උපෝසථය)

3. **අරිය උපෝසථය**

   (ආර්යයන්ගේ උපෝසථය, ආර්ය ශ්‍රාවකයන්ගේ උපෝසථය)

ගොපල්ලන්ගේ උපෝසථය

විශාඛාවෙනි, ගොපල්ලන්ගේ උපෝසථය කියන්නේ මේකයි. (ගොපල්ලා කියන්නේ හරක් බලන මනුස්සයා.) ඉතින් මේ මනුස්සයා හවසට හරකුන්ව අරගෙන යනවා ස්වාමිවරු ළඟට. ගෙනිහිල්ලා කල්පනා කරනවා අද මම මේ හරකුන්ට කවන්න අසවල් අසවල් පැත්තේ ගෙනිච්චා. අසවල් අසවල් ඇලවල් වලින් මේ හරකුන්ට වතුර පෙව්වා. මම හෙට කොහාටද හරක් ටික ගෙනියන්නේ......? කියල කල්පනා කරනවා. මෙන්න මේ විදිහට ගොපල්ලන් හරකුන්ට කෑම කවනවා, වතුර පොවනවා වගේ කියනවා සමහරුන්ගේ උපෝසථය.

සව්කැඳ උපෝසථය

අදත් ඉන්දියාවේ තියෙනවා උපෝසථ. සඳුදට කියන්නේ සෝමවාර. සඳුදට මොකද කරන්නේ ....? ඒ ගොල්ලන්ගේ උපෝසථය සව්කැඳ වළඳන එක. අපිත් ඉන්දියාවේ සිටියා නම් ඔච්චර තමයි. ඇයි මේ...........? ධර්මයක් අහන්න හම්බ වෙනවද? ධර්මයක්, සමථයක්, විදර්ශනාවක් මුකුත් නැහැ. සාමාන්‍ය ජනතාවට තියෙන්නේ සඳුදාට සව්කැඳ බොන එකයි. ඒක තමයි එයාලගේ උපෝසථය. මට මතක හැටියට ආශ්‍රමවල 11 වෙනිදා වගේ දවසක බත් කන්නේ නැහැ. එදාට කිරි බොනවා, පළතුරු කනවා ඔන්න උපෝසථය. එදාට කල්පනා කරනවා අද අපි අසවල් අසවල් ජාති කෑවා, අසවල් අසවල් ජාති බීවා හෙට මොනවද කන්නේ බොන්නේ කියල කල්පනා කරනවා.

හෙට උයන්නේ මොනවාද?

ඒ උපෝසථය නම් සාමාන්‍ය ගෙවල්වල හැමදාම තියෙනවානේ. අපි ගිය සුමානේ අර හෝටලයෙන් කෑවා. ඊළඟ සුමානේ අපි කන්නේ කොයි හෝටලයෙන්ද...? කියල කල්පනා කරනවා. ඊළඟට අපි ඔන්න අද මේවා ඉව්වා අසවල් අසවල් දේ කෑවා බිව්වා. අපි හෙට උයන්නේ මොනවද කියල කල්පනා කරනවා. එහෙම අය ඉන්නවා නේද....? ඒක මොකක්ද...? ගෝපාලක උපෝසථය. ගොපල්ලාගේ උපෝසථය.

බුදුරජාණන් වහන්සේ වදාළා "විශාඛා, ඔය උපෝසථය නම් වැඩක් නැහැ. ඔය උපෝසථය කරල කවදාවත් එයාට ජීවිතයේ දියුණුවක් නම් ලබන්න හම්බවෙන්නේ නෑ. ඒ උපෝසථයේ තියෙන්නෙ කන බොන එක ගැන විතරයි."

නිගණ්ඨයන්ගේ උපෝසථය

ඊළඟට විශාඛාව තව උපෝසථයක් තියෙනවා ඒ තමයි නිගණ්ඨයන්ගේ උපෝසථය. **(අත්ථි විසාඛේ නිගණ්ඨා නාම සමණජාතිකා)** විශාඛාව නිගණ්ඨයෝ කියල ශ්‍රමණ කොට්ඨාසයක් ඉන්නවා. ඒ ගොල්ලන්ට ඒ අයගේ ශාස්තෘවරයා මෙන්න මෙහෙමලු උපදෙස් දෙන්නේ.

"යොදුන් සියයක් දුරට ඔය ගොල්ලෝ මෛත්‍රී වඩන්න. **(පුරත්ථිමාය දිසාය පාණා පරං යෝජනසතං තේසු දණ්ඩං නික්ඛිපාහි)** යොදුන් සියයක් දුරට දඬු මුගුරු අත්හරින්න. පෙරදිගට." ඒ කියන්නේ නැගෙනහිර පැත්තට, දකුණු පැත්තට, බටහිර පැත්තට, මේ වගේ යොදුන් සීයයක් දඬු මුගුරු අත්හැරල ඉන්න. විශාඛාවනි, ඒ විදිහට උපදෙස් දුන්නොත් යොදුන් සියයක සතුන් විතරයි මෛත්‍රියට හසුවන්නෙ. යොදුන් සියයක් එහා සතුන් මැරුණට කමක් නැහැ. ඒ වගේ අදහසක් තමයි ඒකේ තියෙන්නේ. (බලන්න ඒ කාලේ කොච්චර මිත්‍යා දෘෂ්ටි තිබිල තියෙනවද..?)

ඊළඟට ඒගොල්ල උපෝසථ දවසට... **(තේ තදහුපෝසථෙ සාවකං ඒවං සමාදපෙන්ති)** ශ්‍රාවකයන්ව මෙහෙම සමාදන් කරනවලු. එන්න ඔබ එන්න අද උපෝසථ දවසේ සියලු ඇඳුම් ගලෝල ඇඳුම් නැතිව ඉන්න. එතකොට මොකද වෙන්නේ. **(නාහං කිඤ්චනං කස්සචි කිඤ්චනං තස්මිං)** මට කොහෙත්ම කොහේවත් කිසිම ආකාරයක බැඳීමක් නැතෙයි කියල ඉන්න කියනවා.

ඒ කාලේ නිගණ්ඨ නාතපුත්ත ශ්‍රාවක පිරිස් හික්ම වූ ආකාරයයි. ඒ බුදුරජාණන් වහන්සේ වදාළ, ඒ වුණාට විශාඛාවෙනි, ඒ අය අතර බැඳීමක් තිබෙන බව ඒ අය දන්නවා. අම්මා, තාත්තා දන්නවා මේ අපේ දරුවෝ නෙව,

දරුවෝ දන්නවා මේ අපේ දෙමව්පියෝ නෙව, දැසි දස් කම්කරුවෝ දන්නවා මේ අපේ ස්වාමිවරු කියල. බලන්න එතකොට අධර්මය කොච්චර දුර යනවද....?

ඒගොල්ලො උගන්වන්නේ ඒ වෙලාවට එයාට කිසිම බන්ධනයක් නැහැ කියල. නමුත් බන්ධනයක් නැත්තේ නැහැ. දරුවන්ට දෙමව්පියො බැඳිලා ඉන්නවා. දෙමව්පියන්ට දරුවො බැඳිලා ඉන්නවා. එතකොට කියනවා මේක ඇත්තක් කියල. ඒගොල්ල සම්පූර්ණ බොරුවක් තුල ඉන්නෙ කියනවා. පසුව මොකද කරන්නේ ඒ රාත්‍රිය ඉක්ම ගියාට පස්සේ ඒගොල්ලො ආයෙත් ඇඳුම් ඇඳගෙන කන්න බොන්න පටන් ගන්නවා. ඉතින් කියනවා විශාඛා, ඔය නිගණ්ඨයන්ගේ උපෝසථය කිසිම සෙතක් ශාන්තියක් නැති එකක්.

ආර්ය ශ්‍රාවකයන්ගේ උපෝසථය

ඊළඟට කියනවා විශාඛාව ඔන්න ඉගෙන ගන්න ආර්ය ශ්‍රාවකයන්ගේ උපෝසථය. **(උපක්කිලිට්ඨස්ස විසාඛේ චිත්තස්ස උපක්කමේන පරියෝදනා හෝති)** "විශාඛාවෙනි, මේ කිළුටු වුණු හිත උපක්‍රම වලින් පිරිසිදු කරගන්න ඕනි."

මේ කියන්නේ ආර්ය ශ්‍රාවකයන්ගේ උපෝසථය ගැන **(ඉධ විසාඛේ ආරියසාවකෝ තථාගතං අනුස්සරති)** ආර්ය ශ්‍රාවකයා බුද්ධානුස්සතිය වඩනවා. ඒ භාග්‍යවතුන් වහන්සේ අරහං, සම්මා සම්බුද්ධෝ, විජ්ජාචරණ සම්පන්නෝ, සුගතෝ, ලෝකවිදූ, අනුත්තරෝ පුරිසදම්ම සාරථී, සත්ථා දේවමනුස්සානං, බුද්ධෝ, භගවා කියමින් ඒ උපෝසථ දවසට ආර්ය ශ්‍රාවකයා ඉන්න හැටි මේ කියන්නේ .....

කොණ්ඩය සේදීම

(තස්ස තථාගතං අනුස්සරතෝ චිත්තං පසීදති) තථාගතයන් වහන්සේ ගැන සිහි කරන කෙනාගේ හිත පැහැදෙනවා. **(පාමුජ්ජං උප්පජ්ජති)** ප්‍රමුදිත භාවය ඇතිවෙනවා. එතකොට මොකද වෙන්නෙ......? හිතේ තියෙනවා නම් ගොරෝසු කෙලෙස්, ඒ කෙලෙස් ප්‍රහාණය වෙලා යනවා. අන්න ඒ විදිහට බුද්ධානුස්සතිය නැමති උපක්‍රමයෙන් එයාගෙ සිත එයා පිරිසිදු කරනවා.

විශාඛාවෙනි, ඒක හරියට කිළුටු වුණු කොණ්ඩෙ උපක්‍රමයෙන් පිරිසිදු කරනවා වගේ වැඩක්. කොණ්ඩෙ කිළුටු වුණාට පස්සේ මොකද කරන්නෙ? කල්ක අරගෙන, මැටි අරගෙන වතුර අරගෙන ඒක අනල ගාල පිරිසිදු කරනවා. ඒ කියන්නේ දැන් කාලේ අපි ඔළුවේ සබන් ගාලා සෝදල සෝදල පිරිසිදු කරනවා වගේ ශ්‍රාවකයා මොකද කරන්නේ......? **(ඉධ විසාඛේ ආරියසාවකෝ තථාගතං අනුස්සරති)** ආර්ය ශ්‍රාවකයා තථාගතයන් වහන්සේව සිහි කරනවා.

ඉතින් කියනවා විශාඛා යම්කිසි ආර්ය ශ්‍රාවකයෙක් උපෝසථ දවසට තථාගතයන් වහන්සේ සිහි කරමින් ඉන්නවා නම්... **(අයං වුච්චති විසාඛේ අරියසාවකෝ බ්‍රහ්මුපෝසථං උපවසති)** විශාඛාවෙනි, අන්න ඒ ආර්ය ශ්‍රාවකයට කියනවලු හරියට බ්‍රහ්මයත් සමඟ ඉන්නවා වගේ කියල. **(බ්‍රහ්මුණා සද්ධිං සංවසති)** මහා බ්‍රහ්මයත් එක්ක ඉන්නවා වගේ කියලා. ඒ කියන්නේ මහා බ්‍රහ්මයාට ගුණ හතරක් තියෙනවනේ, මෙත්තා, කරුණා, මුදිතා, උපේක්ෂා කියල. මේ සතර බ්‍රහ්ම විහරණයන් ගෙන් අග්‍ර කවුද? තථාගත බුදුරජාණන් වහන්සේ. උන්වහන්සේගේ ගුණ සිහිකර කර ඉන්න කොට එයා බ්‍රහ්ම උපෝසථය

තුළයි ඉන්නේ. එයා හිත පිරිසිදු කර කර ඉන්නේ. කිළුටු වුණු හිත උපක්‍රමයෙන් පිරිසිදු කරන්න ඕන.

(ඉධ විසාඛේ අරියසාවකෝ ධම්මං අනුස්සරති) ආර්ය ශ්‍රාවකයා කරන්නේ ධර්මය සිහිකරනවා. **(ස්වාක්ඛාතෝ භගවතා ධම්මෝ)** භාග්‍යවතුන් වහන්සේගේ ධර්මය මනාකොට දේශනා කළ දෙයක්, මනාකොට දේශනා කළ දෙයක් කියල සිහිකරන්න නම්, එයා මනාකොට දේශනා කළ ධර්මය දැනගෙන ඉන්න ඕන. මනාකොට දේශනා කළ දෙයක් කියල තේරෙන්නේ ධර්මය ඉගෙන ගන්න කොටයි. එහෙම නැතිව එයා කොහොමද ධම්මානුස්සතිය වඩන්නෙ.

අඳුරේ ඉන්න දරුවෝ

මම මෑතකදි පොඩි දරුවන්ගේ වැඩසටහනකට ගියා. එක දරුවෙක් අහනවා ඔබ වහන්සේ කියනවා සෝවාන් වෙන්න පුළුවන් කියල. ඒ කොහොමද? කියලා. මම කිව්වා මම විතරක් නෙමේ ඔයගොල්ලොත් කියන්න ඕන සෝවාන් වෙන්න පුළුවන් කියල. ඇයි මම විතරද ධර්මය සරණ යන්නේ...? ඔය දරුවොත් ධර්මය සරණ යන අය...? මම ඒ දරුවන්ට කිව්වා. මම කිව්වොත් සෝවාන් වෙන්න විතරයි පුළුවන් කියල ඒක සම්පූර්ණ නෑ. එහෙමනම් කියන්නේ කොහොමද....? මේ ධර්මයෙන් විතරයි සෝවාන් වෙන්න පුලුවන් කම තියෙන්නෙ, මේ ධර්මයෙන් තමයි සකදාගාමී වෙන්නෙත්, මේ ධර්මයෙන් තමයි අනාගාමී වෙන්නෙත්, මේ ධර්මයෙන් තමයි අරහත් වෙන්නෙත්. එහෙනම් ඔයගොල්ලො කියන්න ඕන මේ ධර්මයෙන් තමයි සකදාගාමී වෙන්නෙත්, මේ ධර්මයෙන් තමයි අනාගාමී වෙන්නෙත්, මේ ධර්මයෙන් තමයි රහත්

වෙන්නෙත් කියල. මේ විදිහට ඔයාල කිව්වා නම් අපට තේරෙනවා ධර්මය ටිකක් දන්න නිසා තමයි එහෙම කියන්නේ කියල.

ආර්ය අෂ්ටාංගික මාර්ගය අනුගමනය කරල සෝවාන් වෙන හැටි තමයි බුදුරජාණන් වහන්සේගේ ශ්‍රී සද්ධර්මයේ තියෙන්නෙ. එයා ධර්මය දන්නවා වගේම ඒ ධර්මය සරණ යනවා. ඉතින් ඒ දරුවෝ අපෙන් අහනකොට අපට තේරෙනවා ඒ දරුවො ඉන්නේ ධර්මය ගැන තමන්ගේ ජීවිතයට යන්තම් වත් අදාළ නැති, සම්බන්ද නැති, වෙන දෙයක් ගැන කථාකරන එකක් හැටියට හිතාගෙන. ඒ දරුවො ඒ ධර්මය සරණ යයිද? නෑ... අපේ වැඩිහිටි පරම්පරාවට වුණු දේ තමයි වෙන්නේ. මොකද අවබෝධයෙන් යුක්තව සරණ යාමක් නැති නිසා. එයා ඒ ධර්මය සිහි කරන්නේ නෑ. දැන් ධර්මය සිහි කරන කෙනාටනේ පිහිටක් තියෙන්නේ. ධර්මය සිහි කරන්නෙ නැත්නම් මොකද වෙන්නේ...? සිහි කරන්නෙ නැත්නම් මොකුත් නැහැ. මම කිව්වේ මඩු වල්ගය හරි අදහන්න පටන් ගන්නවා. මඩුවල්ගේ කතන්දරය දන්නවා නේද?

මඩු වල්ගය ඇදහීම

ඔන්න මඩු වල්ගයක් තියනවා, දේවාලයක. ඉතින් අපේ ඇත්තෝ මොකද කරන්නේ? ඔන්න කරදර කම්කටොලු ආවා. මතක් වුණා කේන්දරේ, අරගෙන ගියාම කියනවා ශනි ලබලා, එහෙම නැත්තම් කෙහෙතා, එහෙම නැත්තම් රාහු. දැන් මෙයා ගනුදෙනු කරන්නේ බුදුරජාණන් වහන්සේගේ ධර්මයත් එක්කද? නෑ... තනිකරම මිත්‍යා දෘෂ්ටියක් තමයි අනුගමනය කරමින් සිටින්නේ. දැන් මෙයා සක්කාය දිට්ඨියක පිහිට වූ ආත්මවාදී ධර්මයක් තමයි

අල්ලාගෙන යන්නේ. නමුත් කටින් කියනවා 'බුද්ධං සරණං ගච්ඡාමි' කියල. නමුත් එයා අවබෝධයෙන්ද ඒ කිව්වේ? අවබෝධයෙන් නෙවෙයි.

දැන් එයාට කෙනෙක් කියනවා ශනි ලැබුවාම මෙහෙමයි, මේකට හොඳයි යන්න අර මඩු දේවාලයට. ඔන්න පූජා වට්ටියක් අරගෙන යනවා මඩු දේවාලයට. දේවාලයට ගිහිල්ලා රුපියල් පන්සියයක් තියල පූජාව තියනවා. කපු මහත්තයා කියනවා මේකට නම් මඩු වල් ගෙන් හතර පස් වතාවක් හොඳට රිදෙන්න දෙන්න ඕන කියල. ඔන්න හොඳට මඩුවල්ගෙන් ගැහුවා රත් වෙන්න. ඊට පස්සෙ හොඳට ගුටි කාලා ගෙදර ඇවිත් කියනවා 'අපලෙට හරි හොඳයි හරි අගෙයි' කියලා. අනිත් අයටත් කියයි, අන්න තියෙනවා.... මඩු වල්ගෙන් ගිහිල්ලා ගහගන්න කියල... ඉතින් අනිත් අයත් පෝලිමේ දුවයි. ඇයි...? එහෙම තමයි ධර්මය සිහි නොකරන ජීවිතවලට වෙන්නෙ. හැබැයි මුස්ලිම් මිනිස්සු නම් ඒකට යන එකක් නැහැ. යන්නෙම බෞද්ධ නාමයෙන් ඉන්න සම්මා දිට්ඨිය නැති පිරිස. මුස්ලිම් අයටත් කොන්දක් තියෙනවා, ඒ අය අදහන මිත්‍යා දෘෂ්ටිය හරියට අදහනවා. ඒ නිසා ඒ මිනිස්සු හැමතැනම දුවන්නේ නැහැ. ඒකට ගියොත් වැඩිපුර යන්නේ බෞද්ධ වේශයෙන් ඉන්න පිරිස. ඒගොල්ලන්ට ධර්මය සිහි කරන්න පුළුවන්කමක් නැහැ. දැන් බලන්න විශාඛාව උපෝසථයේදී ධර්මය සිහිකරනවා. ධර්මය සිහිකරන එක්කෙනාට පුළුවන් වෙන්න ඕන බුදුරජාණන් වහන්සේ ජීවිතය ගැන කියල දීල තියන දේවල් සිහිකරන්න. එහෙම සිහි කරන්න හිතෙනවා. මේ අපේ ධර්මය **ස්වක්ඛාතයි** (මනා කොට දේශනා කරපු එකක්) අපේ මේ ධර්මය **සන්දිට්ඨිකයි.** (මේ ජීවිතයේදීම අවබෝධ කරගන්න පුලුවන්) මේ ධර්මය **අකාලිකයි...** (මේ

කාලයේදීත් අපට අවබෝධ කරගන්න පුළුවන් - කාලයට අවලංගු වෙන එකක් නොවෙයි) **ඒහිපස්සිකයි.** (ඇවිත් විමසා බලන්න කියල කියන්න පුළුවන්) **ඕපනයිකයි** (තමා තුළිනුයි බලන්න තියෙන්නේ) **පච්චත්තං වේදිතබ්බෝ විඤ්ඤූහි** (බුද්ධිමත් එක්කෙනා මේ ධර්මය අවබෝධ කරගන්නවා)

ඇඟ සේදීම

ධර්මය ගැන සිහිකරන කොට සිත පහදිනවා ධර්මයට. බුදුරජාණන් වහන්සේ කොච්චර ඇත්තක් ද කියල තියෙන්නේ, ඒ විදිහට උපක්‍රමයෙන් උපෝසථ දවසේ හිත පිරිසිදු කරමින් ඉන්නවා. බුදුරජාණන් වහන්සේ කියනවා "විශාඛා ඒක හරියට ඇඟ අතුල්ලලා පිරිසිදු කරගන්නවා වගෙයි කියලා. ලණුවයි, ඇඟ අතුල්ලන්න ගන්න හුණුයි අරගෙන ඇඟ අතුල්ලනවා වගෙයි" කියනවා ධම්මානුස්සතිය වඩන වෙලාවට. අන්න එහෙම උපක්‍රමයකින් හිත පිරිසිදු කරගන්නවා. ඒ වෙලාවට විශාඛා, එයා ධර්මයත් එක්ක එකතුවෙලා වාසය කරනවා කියනවා.

ඊළඟට කියනවා විශාඛා උපෝසථ දවසට එයා සංඝානුස්සතිය වඩනවා. ආර්ය සංඝරත්නය සිහි කරනවා. **(සුපටිපන්නෝ භගවතෝ සාවකසංඝෝ)** භාග්‍යවතුන් වහන්සේගේ ශ්‍රාවක සංඝයා සුපටිපන්නයි. රාග, ද්වේෂ, මෝහ දුරුකරන ප්‍රතිපදාවක තමයි ඉන්නේ. උජුපටිපන්නයි. ආර්ය අෂ්ටාංගික මාර්ගය නැමැති ඍජු මාර්ගයේ ගමන් කරමිනුයි ඉන්නේ. ඤායපටිපන්නයි. ආර්ය සත්‍ය අවබෝධයට වුවමනා ප්‍රතිපාදාවකයි ඉන්නේ. සාමීචිපටිපන්නයි. ඒ මාර්ගයේ ගමන්කරමින් ඒ මාර්ග යම පවසන ප්‍රතිපදාවකයි ඉන්නේ. සෝතාපන්න මාර්ග යේ සිට අරහත් ඵලය දක්වා ඒ ශ්‍රාවක ගණයට අයිති

වෙන්නේ කවුද....? සෝතාපන්න මාර්ගයේ දෙන්නයි කවුද ඒ...? සද්ධානුසාරී ධම්මානුසාරී ඊළඟට සෝතාපන්න කෙනා. ඊළඟට සකදාගාමී වීමට පුහුණු වන කෙනා. ඊළඟට සකදාගාමී කෙනා. ඊළඟට අනාගාමී වීමට පුහුණුවන කෙනා. අනාගාමී කෙනා, ඊළඟට අරහත් වීමට පුහුණුවන කෙනා. ඊළඟට රහතන් වහන්සේ. මෙන්න මේ පිරිස තමයි බුදුරජාණන් වහන්සේගේ ශ්‍රාවක සඟපිරිස. පෘතග්ජන පිරිස මේ පිරිසට අයිතිද...? නෑ....

මේ ශ්‍රාවක පිරිස සුපටිපන්නෝ, උජුපටිපන්නෝ, ඤායපටිපන්නෝ කියල සිහිකරනවා. විශාඛා මේ විදිහට ශ්‍රාවක සඟ පිරිස ගැන සිහි කරන කොට අන්න එයාට ඇතිවෙනවා බොහෝම විශාල ප්‍රමුදිත භාවයක්.

වස්ත්‍ර සේදීම

ඒ ආර්ය ශ්‍රාවකයා ශ්‍රාවක සංඝරත්නයේ ගුණ සිහි කර කර ඉන්න කොට එයාගේ සිත පහදිනවා. හිතේ තියෙන උපක්ලේශ දුරුවෙනවා. ඒ කියන්නේ එයාගේ සිතේ චිත්ත සමාධිය ඇතිවෙනවා. ඒක හරියට පොරවාගෙන ඉන්න වස්ත්‍ර සෝදනවා වගේ කියනවා. ඒ කාලේ තියෙන දේ වලින් උණුවතුරයි, අළුයි, හුණුයි අරගෙන වස්ත්‍ර හෝදනවා වගේ කියනවා ආර්ය ශ්‍රාවක සංඝරත්නය සිහි කිරීම. ඒ කියන්නේ සංඝානුස්සති භාවනාව.

විශාඛාවෙනි, ආර්ය ශ්‍රාවකයා ඊළඟට සීලය සිහි කරනවා. කාගේ සීලය ද ....? තමන්ගේම සීලය. අනුන්ගේ සිල් නොවෙයි. කඩවෙලා නැති, සිදුරු වෙලා නැති, පැල්ලම් නැති, තමන්ගේ දිවි පැවැත්ම සිහිකරනවා. වචනයෙන් හරි තමන්ට වරදක් වුණොත් දැන් ඒ වචනය සිහි කරල ඔන්න ඒක හරි ගස්සගන්නවා. කායික වශයෙන්

වැරදි සිද්ධ වෙනවා නම් ඒ වැරදි එයා හරි ගස්සගන්නවා. මේ විදිහටයි තමන්ගේ සීලය සිහිකරන්නේ. උපෝසථ දවස සම්පූර්ණයෙන් යෙදිල තියෙන්නේ මේ කටයුතු සඳහා.

කණ්ණාඩිය පිහ දැමීම

එයා තමන්ගේ සිල් ගැන සිතනවා. සිතනකොට සිතනකොට එයාගෙ සිත පහදිනවා. විශාඛා ඒක හරියට කණ්ණාඩියක් පිරිසිදු කරනවා වගේ කියනවා. බුදුරජාණන් වහන්සේගේ මේ උපමා කියන්නේ කාටද....? විශාඛාවට. විශාඛාව පෘතග්ජන කෙනෙක්ද? නෑ.... විශාඛාව කියන්නේ දහස් ගණන් පිරිසක් ධර්මයට යොදවලා හිටපු කෙනෙක්. ඉතින් උන්වහන්සේ වදාළා, විශාඛා ඒක හරියට තෙලුයි, දැලියි අරගෙන රෙදි කෑල්ලකින් කන්නාඩියක් පිහදමමින් පිරිසිදු කරන්නා වගේ කියනවා තමුන්ගේ සිල් ගැන සිත සිතා පිරිසිදු කිරීම.

විශාඛාව උපක්‍රමයෙන් හිත පිරිසිදු කළ යුතුයි. කොහොමද උපක්‍රමයෙන් හිත පිරිසිදු කරගන්නේ. ආර්ය ශ්‍රාවකයා දේවතානුස්සතිය වඩනවා.

දේවතානුස්සතිය

මෙන්න මෙහෙමයි දෙවියන් සිහිකරන්නේ. එයා හිතනවාලු, චාතුර්මහාරාජිකයේ දෙවියෝ සිටිති. තුසිතයේ දෙවියෝ සිටිති. තව්තිසාවේ දෙවියෝ සිටිති. යාම ලෝකයේ දෙවියෝ සිටිති. නිම්මානරතියේ දෙවියෝ සිටිති. ඊටත් වඩා ඉහළ බඹතලවල දෙවියෝ සිටිති.

අන්න එයා දෙවියන් ගැන සිහි කරන්නේ කොහොමද...? යම් ආකාර ශ්‍රද්ධාවකින් යුක්තව ඒගොල්ල මෙහෙ ඉඳලා මරණයට පත්වෙලා එහෙ උපන්නාද? මා

තුළත් අන්න ඒ වගේ ශ්‍රද්ධාවක් තමයි තියෙන්නේ... කියල හිතනවා. යම් ආකාර සීලයක පිහිටල මරණින් මත්තේ එහෙ උපන්නද අන්න එබඳු සීලයකින් තමයි මමත් ඉන්නේ. යම් ආකාරයක ධර්මඥානයකින් යුතුව මෙහි ඉඳලා මරණින් මත්තේ එහේ උපන්නාද, අන්න එබඳු ධර්මඥානයකින් තමයි මමත් ඉන්නේ. යම් ආකාරයක ප්‍රඥාවකින් ඒගොල්ලෝ මෙහෙ වාසය කරල දිව්‍ය ලෝකයේ උපන්නාද, එබඳු ආකාරයක ප්‍රඥාවකින් තමයි මමත් ඉන්නේ. ඒ දෙවියන් තුළ තියෙන සද්ධා, සීල, සුත, චාග, පඤ්ඤා යන කරුණු පහ සමඟ ගලපා බලමින් ඉන්නවා.

දැන් මේ කියන්නේ කාටද? විශාඛාවට... විශාඛා කියන්නේ මාර්ගඵල ලාභී කෙනෙක්. මේ කියන්නේ සැක සහිත කෙනෙකුටද? නැහැ. සැක ප්‍රහාණය කරපු කෙනෙකුට. විචිකිච්ඡාව තියෙන කෙනෙකුට මේක කිව්වොත් එහෙම එකපාරටම එයා ඒක පිළිගන්නේ නැහැ. ඕවා මොනවද? ඒ මොකක්ද? දෙවියෝ ගැන කොහොමද ඔහොම සිහි කරන්නේ කියල අහයි. එහෙම අහන්නේ මොකද? ශ්‍රද්ධාව නැති නිසා.

රන් රිදී පිරිසිදු කිරීම

විශාඛාව එහෙම නෙමෙයි, බුදුරජාණන් වහන්සේගේ ශාස්තෘත්වය පිළිගත්තා. මේ බුදුරජාණන් වහන්සේගේ අනුශාසනාවක්. ඉතින් කියනවා විශාඛා ඒක හරියට උපක්‍රමයෙන් රන් රිදී බඩු පිරිසිදු කරනවා වගෙයි කියල. ඒ කියන්නේ දේවතානුස්සති භාවනාව රන් රිදී බඩු පිරිසිදු කරනවා වගේ එකක් කියල. ඇයි රන් රිදී බඩු පිරිසිදු කළාම මොකද වෙන්නේ? ඒවා දිලිසෙනවා. ඒ වගෙයි දෙවියන් සිහිකිරීම.

ඊළඟට උන්වහන්සේ කියනවා විශාඛා මෙන්න මේ විදිහටයි ආර්ය ශ්‍රාවකයා උපෝසථය ගැන කල්පනා කරන්නේ. රහතන් වහන්සේලා දිවි ඇතිතෙක්ම ප්‍රාණඝාතය දුරුකරල, ප්‍රාණඝාතයෙන් වෙන් වෙලා, ලැජ්ජාවෙන් සියලු සතුන් කෙරෙහි හිතානුකම්පාවෙන් වාසය කළා. මම අද රාත්‍රී පුරාමත්, දවල් කාලෙත්, ප්‍රාණඝාතය දුරු කරල ප්‍රාණඝාතයෙන් වෙන් වෙලා සියලු සත්වයන් කෙරෙහි හිතානුකම්පාවෙන් ඉන්නවා.

(ඉමිනාපහං අංගේන අරහන්තං අනුකරෝමි) මම ඒ ආකාරයෙන් රහතන් වහන්සේලා අනුගමනය කරනවා. මම එතකොට උපෝසථය සම්පූර්ණ කරගත්තා වෙනවා.

එහෙම හිතල එයා මොකද කරන්නේ ප්‍රාණඝාතයෙන් වෙන් වෙලා දවල් රෑ දෙකේ වාසය කරනවා. රහතන් වහන්සේලා සිහි කර කර අනුගමනය කරනවා කියල හිතනවා. ඊළඟට කල්පනා කරනවා රහතන් වහන්සේලා නොදුන් දේ ගන්නේ නෑ. කවුරු හරි පිළිගන්වන දෙයක් තමයි වළඳන්නේ. පිළිගන්වන දෙයකට තමයි සතුටු වන්නේ. ඒ නිසා මමත් අද මට කවුරුහරි දන් පැන් ආදිය පිළිගැන්නුවොත් අරගෙන මමත් ඒ විදිහට සොරකමින් වෙන් වී පිරිසිදු සිතින් මේ රාත්‍රියත්, දවාලත් ගත කරනවා. මේ විදිහට රහතන් වහන්සේලා අනුගමනය කරනවා. මගේ උපෝසථයත් මම සම්පූර්ණ කරගන්නවා කියල සොරකමින් වැලකිළා වාසය කරනවා.

බ්‍රහ්මචාරී ජීවිතයක්

ඊළඟට කියනවා විශාඛා එය කල්පනා කරනවා, රහතන් වහන්සේලා දිවි හිමියෙන් බ්‍රහ්මචාරී ජීවිතයක් ගෙව්වේ. මම මේ උපෝසථ දවසේ දවලුත්, රාත්‍රියත්,

සම්පූර්ණ බ්‍රහ්මචාරී ජීවිතයකින් රහතන් වහන්සේලා සිහි කර කර බ්‍රහ්මචාරීව වාසය කරනවා කියනවා.

ඊළඟට කියනවා විශාඛා, රහතන් වහන්සේලා මුසාවාදය අත්හැරලා, මුසාවාදයෙන් වැළකිලා, ඇත්ත ගලපා කියන, ලෝකයට බොරු කථාවල් නොකියන, ගැටුම් ඇතිවෙන දේවල් නොකියන පිරිසක්. මමත් අද රාත්‍රියත් දවාලයත් පුරා බොරුවෙන් වැලකිලා, ගැටුම් නැතිව අන්න ඒ ආකාරයට රහතන් වහන්සේලා අනුගමනය කරමින් දවල් රෑ දෙකේ උපෝසථය පුරනවා.

එකේ තේරුම තමයි උපෝසථය පැය කීයද...? පැය විසිහතරක්, උදේ හයට නම් පසුවදා උදේ හය දක්වා. අපේ රටේ උපෝසථය කීයටද තියෙන්නෙ....? උදේ හයේ සිට සවස හතර දක්වා එක්කො පහ දක්වා. පෝය දවසට බලාගෙන ඉන්නවා හවස හතර - පහ වනතුරු ඉක්මනට ඉවර වෙලා ගෙදර යන ගමන් ඔය කඩයකින් එළවළු ටිකක් අරන් යන්න. සමහර වෙලාවට ඒ අම්මලම තමයි උයන්නත් ඕන. ගෙවල්වල හදල දෙන්න කවුරුවත් නැහැ. ඒ වගේ පිරිහුණු ධර්මය නැති කාල පරිච්ඡේදයක් මේ තියෙන්නෙ.

ඉතින් එයා හිතනවලු රහතන් වහන්සේලා දිවි හිමියෙන් සුරා පානයෙන්, මත්පැන් වලින්, මත්ද්‍රව්‍ය වලින් සම්පූර්ණයෙන්ම වැළකී වාසය කළ උත්තමයන් වහන්සේලා. මමත් අද ඒ ආකාරයට උන්වහන්සේලා අනුගමනය කරනවා.

රහතන් වහන්සේලා විකාල භෝජනයෙන් වැළකිලා රාත්‍රි ආහාරයෙන් වැළකිලා වාසය කළේ. මමත් අද දවල් - රාත්‍රී දෙකේ විකාල භෝජනයෙන් වැළකිලා මේ උදේ

වරුවේ විතරක් ආහාර අරගෙන රහතන් වහන්සේලා අනුගමනය කරනවා.

එතකොට බලන්න අපේ දරුවන්ට කුඩා දවස්වල ඉඳලා මේ වගේ උපෝසථයක් උගන්වල තියෙනවාද...? අපි කියන්නෙ කොහොමද? "හා...හා.... යන්න සිල්ගන්න ලෑස්ති වෙන්න" කියලා. ඔන්න සිල් රෙද්ද ගැටගහල යවනවා මිසක් අපි උගන්වලා තියෙනවාද....?

පුතේ... අපි මේකයි කරන්නේ පෝදා දවසට. මේක අපේ උපෝසථ දවස. මේ විදිහට... මේ විදිහට... කරන්න. උපෝසථ දවසට රෑට කන්නේ නැහැ. අපේ ගෙදර.... අපි ඔක්කොම... තෙරුවන් සරණ ගියපු අය... අපේ උපෝසථ දවසට අපි ඉන්නේ රහතන් වහන්සේලා සිහි කර කර. මෙහෙම අපි කුඩා දරුවන්ට උගන්වනවාද? ඒ කිසිදෙයක් නෑ.... බැරි වෙලාවත් ඒ ළමයා හිතට අරගෙන කීවොත්, මම අද ආහාර ගන්නේ නැහැ කියලා - අම්මලා මොකක් කරයිද...? හා........හා....... මොකද මේ කියල සැර කරල, පොළවේ අඩි හප්පල, කොහොම හරි ළමයට කවන්නෙ නැද්ද? බොහෝ විට වෙන්නේ එවැනි සිද්ධි. එතකොට තේරෙනව සීලය අද සමාජයේ ගෞරවයට පත්වෙනවාද...? සීලයට ගෞරව කරන්නේ නැහැ. ඒ වගේ සමාජයක් දියුණුවක් කරා යයිද? නෑ.... පරිහානියක්මයි වෙන්නේ.

ඊළඟට එයා කල්පනා කරනවා දිවි ඇති තෙක්ම රහතන් වහන්සේලා නැටුම්, ගැයුම්, වැයුම්, විසූක දස්සන, මල්, සුවඳ විලවුන් දරන්න යන්නේ නෑ. සැරසිලි මොකුත් නැතුව දවල් කාලයේත්, රාත්‍රී කාලයේත් කිසි දෙයක් නැතුව ඉන්නවා. මමත් රහතන් වහන්සේලා අනුගමනය කරනවා කියල හිතල තමයි ඒක කරන්නේ.

සුඛෝපභෝගී දේවල් අත්හැරීම

ඊළඟට එයා කල්පනා කරනවා උච්චාසයන - මහාසයන වලින් වෙන්වෙලා තමයි රහතන් වහන්සේලා වාසය කළේ. මොනවද මේ උච්චාසයන - මහාසයන කියන්නේ? උච්චාසයන කියන්නේ සුඛෝපභෝගී ආසන. දික් පා ඇතිල පළල කවිච්චි, ඊළඟට ඒ කාලයේ තිබුණ එළු ලොම් දාල හදපු විශාල පුටු, ඊළඟට කොටි හම් දාලා හදපු ආසන ඒවා සුඛෝපභෝගී ආසන හැටියටයි තිබුණේ. ඊළඟට අලි ඇතුන්ගේ ඇඟ උඩ තියෙන ඒවා, අශ්වයන්ගේ රථවල තිබෙන ඒවා, ඒ විදිහට නොයෙක් ආකාරයට කැටයම් කරපු විසිතුරු කරපු සුඛෝපභෝගී ආසනවලට කියන නමක් තමයි උච්චාසයන - මහාසයන කියන්නේ. නමුත් අපට අර උච්චාසයන කියලා කියපුවාම අපිට හිතෙන්නේ කොහොමද...? උස ගැන. ඒත් දේශනාවේ තියෙන්නේ උස ගැන නෙමෙයි. සුඛෝපභෝගී දේවල් අතහැරල සරළ විදිහටනේ රහතන් වහන්සේලා ගත කළේ. ඒ ආකාරයට මම ත් අද උච්චාසයන මහාසයන අත්හැරල දාලා ඇඳක හරි පැදුරක හරි අද දවල් කාලයයි, රාත්‍රී කාලයයි ගතකරනවා. එතකොට ඒකෙන් තේරෙනවා ඇඳ උච්චාසයනයට අයිති නැහැ.

ආර්ය ශ්‍රාවකයින්

ඉතින් ඊළඟට බුදුරජාණන් වහන්සේ කියනවා "විශාඛා, ඔය විදිහට ආර්ය ශ්‍රාවකයන්ගේ උපෝසථය රැක්කොත් ඒ ආර්ය ශ්‍රාවකයින් මහත්ඵල මහානිසංස ලබා ගන්නවා" කියල.

"විශාඛා මේ මහ ජනපදවල අංග, මගධ, කාසී, කෝසල, වජ්ජී, මල්ල, චේතිය, හගු, කුරු, පංචාල,

සූරසේන, අස්සක, අවන්ති, ගන්ධාර, කාම්බෝජ මේ සොළොස් මහ ජනපදවල රාජ්‍ය ලබාගන්නවාට වඩා බොහොම වටිනවා කියනවා මේ එක දවසක ආර්ය ශ්‍රාවකයෙකුගේ උපෝසථය...."

ආයුෂ

ඊළඟට බුදුරජාණන් වහන්සේ විශාඛාවට කියනවා "මෙන්න මෙහෙම විශාඛාවෙනි, දිව්‍ය සැප දිහා බලනකොට මනුෂ්‍ය ලෝකයේ තියෙන මනුෂ්‍ය සැප හිඟා කෑමක්. එච්චර දුප්පත් එකක් කියනවා. මනුෂ්‍ය ලෝකේ අවුරුදු පනහක් චාතුම්මහාරාජිකයේ එක දවසයි. ඒ වගේ දවස් තිහක් තමයි චාතුම්මහාරාජිකයේ මාසයක්. ඒ වගේ මාස වලින් තමයි අවුරුද්ද එන්නේ. එබඳු අවුරුදු වලින් අවුරුදු 500 ක් චාතුම්මහාරාජිකයේ දෙවියන්ගේ ආයුෂ. දිව්‍ය සැප එක්ක මිනිස් සැප ගලපන්න බෑ" කියල. මේකේ බොහොම දුප්පත් හිඟන සැපයක් තියෙනවා.

ඊළඟට කියනවා විශාඛා, මිනිස් ලෝකේ අවුරුදු සියයක් තව්තිසාවේ එක දවසයි. ඒ සියයේ ඒවා තිහක් තමයි මාසය. ඒ මාස දොළහ අවුරුද්දයි. ඒ අවුරුදු වලින් 1000 ක් තවුතිසා දෙවියන්ගේ ආයුෂ තව්තිසා දිව්‍ය ලෝකයෙයි මිනිස් ලෝකයෙයි සැපය බලනකොට මොකක්ද මිනිස් ලෝකේ තියෙන සැප කියල අහනවා.

විශාඛා, මනුස්ස ලෝකේ අවුරුදු දෙසීයක් යාම ලෝකේ එක දවසයි. ඒ වගේ දවස් වලින් මාස 12 ක් අවුරුද්දයි. ඒ දෙවියන්ගේ අවුරුදු 2000 ක් ආයුෂ. මනුස්ස ලෝකයේ අවුරුදු 400 ක් තුසිත දිව්‍ය ලෝකයේ එක දවසයි. ඒ හාරසියෙන් තමයි මාස හැදෙන්නෙ. ඒ මාස වලින් අවුරුදු 4000 ක් තුසිත දෙවියන්ගේ ආයුෂ. ඊළඟට

මනුස්ස ලෝකයේ අවුරුදු 800 ක් නිම්මාණරතියේ එක දවසයි. ඒ 800 න් අවුරුදු මාස වෙලා අවුරුදු 8000 ක් නිම්මාණරතියේ දෙවියන්ගේ ආයුෂ. මනුෂ්‍ය ලෝකයේ අවුරුදු 1600 ක් පරනිම්මිත වසවර්ති ලෝකයේ එක දවසයි. ඒ කාල පරිච්ඡේදය ගෙවිල ඒවායින් අවුරුදු 16000 ක් ගියාම පරනිම්මිත වසවර්ති ලෝකයේ දෙවියන්ගේ ආයුෂ. බුදුරජාණන් වහන්සේ විශාඛාවට පැහැදිලි කළා. මේ විදිහයි උපෝසථයේ තියෙන වටිනාකම.

දන් මේ තත්වයට පත්වෙන්නේ කවුද...? ආර්ය ශ්‍රාවකයා. දැන් ආර්ය ශ්‍රාවකයෝ ඒ ලෝකවල ඉන්නවාද.....? නැද්ද...? ඒ ලෝකවල මාර්ගය වඩන අය කොච්චර වත් ඉන්නවා. ආර්ය ශ්‍රාවකයෝ තමයි චාතුම්මහාරාජිකයේ ඉන්නේ. පරනිම්මිත වසවර්තියේ ඉන්නේ. ඒ සියල්ලෙම ඉන්නේ අර්ය ශ්‍රාවකයෝ. බුදුරජාණන් වහන්සේගේ ධර්මය පුරුදු කරපු අය. ඒ අය සැලසුමක් ඇතුවයි ගමන්කරල තියෙන්නේ. බුදුරජාණන් වහන්සේ තමයි සංසාර දුක ගැන පැහැදිලිව පෙන්නා දීල තියෙන්නේ. මේ ගිහි ජීවිතය ගත කරන ශ්‍රාවකයන්ට, සුගතියේ සිත පිහිටුවා ගැනීමයි උන්වහන්සේ විස්තර කරන්නේ. මේකෙන් පැහැදිලිව පෙනෙනවා මේ ධර්මයේ හැසිරෙන කෙනා සුගතියේ සිත පිහිටුවා ගනිමින් තමයි ධර්මයේ හැසිරෙන්නේ.

ආර්ය උපෝසථයේදී එයා පළමුවෙන්ම පස් ආකාරයකට අනුස්සති භාවනා වඩනවා. මොනවද ඒ? බුද්ධානුස්සති, ධම්මානුස්සති, සංඝානුස්සති, සීලානුස්සති, චාගානුස්සති, දේවතානුස්සති. මේ භාවනා වඩන කොට ක්‍රමයෙන් සිත පිරිසිදු වෙන හැටි මුලදී මම කියලා දුන්නා. බුදුරජාණන් වහන්සේ උපමා වලින් ඒක ලස්සනට පෙන්නල දීපු හැටි සඳහන් කළා. ඉතින් මේ පින්වතුන් ඒ

විදිහට ආර්ය උපෝසථය පිළිගන්නට උනන්දු වෙන්න. ඒ වගේම අර කියපු අනුස්සති භාවනා පුරුදු කරල ඒවායින් හිත පිරිසිදු කරගෙන සද්ධර්මය අවබෝධ කරගන්නට වාසනාව ලැබේවා!

සාදු! සාදු!! සාදු!!!

මහාමේඝ ප්‍රකාශන

● ත්‍රිපිටක පොත් වහන්සේලා :

01. දීඝ නිකාය 1 කොටස
    (සීලක්ඛන්ධ වර්ගය)
02. දීඝ නිකාය 2 කොටස
    (මහා වර්ගය)
03. දීඝ නිකාය 3 කොටස
    (පාථික වර්ගය)
04. මජ්ඣිම නිකාය 1 කොටස
    (මූල පණ්ණාසකය)
05. මජ්ඣිම නිකාය 2 කොටස
    (මජ්ඣිම පණ්ණාසකය)
06. මජ්ඣිම නිකාය 3 කොටස
    (උපරි පණ්ණාසකය)
07. සංයුත්ත නිකාය 1 කොටස
    (සගාථ වර්ගය)
08. සංයුත්ත නිකාය 2 කොටස
    (නිදාන වර්ගය)
09. සංයුත්ත නිකාය 3 කොටස
    (ඛන්ධක වර්ගය)
10. සංයුත්ත නිකාය 4 කොටස
    (සළායතන වර්ගය)
11. සංයුත්ත නිකාය 5 කොටස
    (මහා වර්ගය - 1)
12. සංයුත්ත නිකාය 5 කොටස
    (මහා වර්ගය - 2)
13. අංගුත්තර නිකාය 1 කොටස
    (ඒකක, දුක, තික නිපාත)
14. අංගුත්තර නිකාය 2 කොටස
    (චතුක්ක නිපාත)
15. අංගුත්තර නිකාය 3 කොටස
    (පඤ්චක නිපාත)
16. අංගුත්තර නිකාය 4 කොටස
    (ඡක්ක, සත්තක නිපාත)
17. අංගුත්තර නිකාය 5 කොටස
    (අට්ඨක, නවක නිපාත)
18. අංගුත්තර නිකාය 6 කොටස
    (දසක, ඒකාදසක නිපාත)
19. ඛුද්දක නිකාය 1 කොටස
    (ඛුද්දකපාඨ පාළි, ධම්මපද පාළි, උදාන පාළි, ඉතිවුත්තක පාළි)
20. ඛුද්දක නිකාය 2 කොටස
    (විමාන වත්ථු , ප්‍රේත වත්ථු)

● ධර්ම දේශනා ග්‍රන්ථ :

01. කියන්නම් සෙනෙහසින් මිය නොයන් හිස් අතින්
02. තෝරාගනිමු සැබෑ නායකත්වය
03. පැහැදිලි ලෙස පිරිසිදු ලෙස දෙසූ සේක සිරි සදහම්
04. දම් දියෙන් පණ දෙව් විමන් සැප
05. බුදුවරුන්ගේ නගරය
06. සයුර මැද දූපතක් වේ ද ඔබ...?
07. ගිහි ගෙයි ඔබ ඇයි?
08. මෙන්න නියම දේවදූතයා
09. ආදරණීය වදකයා
10. සයුරේ අසිරිය ධර්මයේ
11. විෂ නසන ඔසු
12. සසරක ගමන නවතන නුවණ
13. විස්මිත හෙළිදරව්ව
14. දිළිසෙන සියල්ල රත්තරන් නොවේ
15. අනතුරින් අත්මිදෙන්නට නම්...
16. අතරමං නොවීමට...
17. සුන්දර ගමනක් යමු
18. කවදා නම් අපි නිදහස් වෙමුද?
19. ලෙඩ දුක් වලින් අත්මිදෙමු
20. ලෝකය හැදෙන හැටි
21. යුද්ධයේ සුළමුල
22. රහතන් වහන්සේ මරණින් මතු ඇත නැත
23. නුවණැස පාදන සිරි සදහම්
24. මරණය ඉදිරියේ අසරණ නොවීමට නම්
25. අපේ නව වසර බුද්ධ වර්ෂයයි
26. හේතුවක් නිසා
27. අවබෝධ කළ යුතු ධර්මය මෙයයි
28. සැබෑ බිරිඳ කවුද?
29. පහන් සිළ නිවෙන ලෙස පිරිනිවී වැඩි සේක
30. සසරට බැඳෙමුද සසරින් මිදෙමුද?
31. රහතුන්ගේ ධර්ම සාකච්ඡා
32. සැබෑ දියුණුවේ රන් දොරටුව
33. බලන් පුරවරක අසිරිය
34. මමත් සිත සමාහිත කරමි බුදු සමිඳුනේ...
35. එළිය විහිදෙන නුවණ
36. සැබෑ ශ්‍රාවකයා ඔබද?
37. අසිරිමත් ය ඒ භාග්‍යවතාණෝ...
38. නුවණැත්තෙක් වෙන්නට නම්
39. බුද්ධියේ හිරු කිරණ
40. නිවන්නට භව ගිමන් දෙසූ සදහම් ගිමන්

41. ඒ භාග්‍යවතුන් වහන්සේගේ ශ්‍රාවකයා වෙමි මම
42. සසරක රහස
43. නුවණින් ලොව එළිය කරනා මහා ඉසිවරයාණෝ
44. ස්වර්ණමාලී මහා සෑ වන්දනාව
45. සොඳුරු හුදෙකලාව
46. මග හොඳට තිබේ නම්...
47. මගේ ලොව හිරු මඬල ඔබයි බුදු සමිඳුනේ
48. නුවණැත්තන් හට මෙලොවේ - දකින්ට පුළුවනි සදහම්
49. සිත සනසන අමා දහම්
50. අසිරිමත් සම්බුදු නුවණ
51. ගෞතම සසුනේ පිහිට ලබන්නට...
52. බුදුරජාණන් වහන්සේ කුමක් වදාළ සේක්ද?
53. පින සහ අවබෝධය
54. සැබෑ බසින් මෙම සෙත සැලසේවා !
55. සැපයක්ය එය නුඹට - සැනසෙන්න මෙත් සිතින්
56. අසත්‍යයෙන් සත්‍යයට...
57. කවුරුද ලොව දැකගත්තේ - ඒ සම්බුදු සිරි සදහම්
58. පිරිනිවුණි ඒ රහත් මුනිවරු
59. බාධා ජයගත් මගමයි යහපත්
60. භව පැවැත්මේ සැබෑ ස්වභාවය
61. සුගතියට යන සැලැස්මක්
62. බුදුමුවින් ගලා ආ - මිහිරි දම් අමා දුන්
63. යළි යුගයක් ආවා ලොව සම්බුදු
64. පිනක මහිම
65. බුදු නෙතින් දුටු හෙට දවසේ ලෝකය
66. ජීවිතය දකින කැඩපත ධර්මයයි
67. අකාලික මුනි දහම
68. නිවී පහන් වී සිත් සැනසේවා
69. සුසුමක විමසුම නිවනක ඇරඹුම
70. පිනෙන් පිරුණු සොඳුරු ජීවිතයක්
71. අසිරිමත් දම් රස අමාවන්
72. ලොව දමනය කළ මුනිඳාණෝ
73. නැසෙන වැනසෙන පිනිබිඳුව
74. ගෞතම මුනිඳු මගෙ හිරු සඳු වන සේක
75. දහම් ඇස පහළ විය
76. ශ්‍රේෂ්ඨත්වය සොයා යාම
77. ලෝකයෙන් නිදහස් වීම

• සදහම් ග්‍රන්ථ :

01. පිරුවානා පොත් වහන්සේ
02. ඔබේ සිත සමඟ පිළිසඳරක්
03. සිතට සුවදෙන භාවනා
04. පින් මතුවෙන වන්දනා
05. ශ්‍රී සම්බුද්ධත්ව වන්දනා
06. සිරි ගෞතම බෝධි වන්දනාව
07. අසිරිමත් පසේබුදු පෙළහර
08. අනේ..! අපේ කථාවත් අහන්න...

• සදහම් සිතුවම් පොත් පෙළ :

01. ඡත්ත මාණවක
02. බාහිය දාරුචීරිය මහරහතන් වහන්සේ
03. පිණ්ඩෝල භාරද්වාජ මහරහතන් වහන්සේ
04. සුමන සාමණේර
05. අම්බපාලී මහරහත් තෙරණියෝ
06. රට්ඨපාල මහරහතන් වහන්සේ
07. සක්කාර නුවර මසුරු කෝසිය
08. කිසාගෝතමී
09. උරුවේල කාශ්‍යප මහරහතන් වහන්සේ
10. සංකිච්ච මහරහතන් වහන්සේ
11. සුප්පබුද්ධ කුෂ්ඨ රෝගියා
12. නිවී ගිය සේක බුද්ධ දිවාකරයාණෝ
13. සුමන මල් වෙළෙන්දා
14. කාලි යක්ෂණිය
15. මුගලන් මහරහතන් වහන්සේ
16. ලාජා දෙවඟන
17. ආයුවඩ්ඪන කුමාරයා
18. සන්තති ඇමති
19. මහධන සිටුපුත්‍රයා
20. අනේපිඬු සිටුතුමා
21. නන්ද මහරහතන් වහන්සේ
22. මණිකාර කුළුපග තිස්ස තෙරණුවෝ
23. විශාඛා මහෝපාසිකාව
24. පතිපූජිකාව

• ඉංග්‍රීසි භාෂාවට පරිවර්තනය වී ඇති ධර්ම දේශනා ග්‍රන්ථ :

01. The life of Buddha for children
02. The Wise Shall Realize
03. Stories of Ghosts
04. Stories of Heavenly Mansions

• ඉංග්‍රීසි භාෂාවට පරිවර්තනය වී ඇති සදහම් සිතුවම් පොත් :

01. Chaththa Manawaka
02. Sumana the Novice monk
03. Stingy Kosiya of Town Sakkara
04. Kisagothami
05. Kali She-devil
06. Ayuwaddana Kumaraya
07. Sumana The Florist

www.ingramcontent.com/pod-product-compliance
Lightning Source LLC
Chambersburg PA
CBHW070538030426
42337CB00016B/2253